Reinhild Klein

DOBERMANN

Kosmos

Freizeitpartner Dobermann   ▸ 77

Dobermänner züchten   ▸ 93

Service   ▸ 107

So sind Dobermänner

So sind Dobermänner

Belling von Grönland und Gerhilde von Thüringen, geb. 1898. Diese beiden Hunde wurden als erste in das Zuchtbuch des Dobermann-Pinscher-Klubs Apolda eingetragen. Nach heutigem Geschmack wirken diese Hunde gedrungen und plump, klein von Statur und stark überbaut.

Sinn und Zweck des vorliegenden Buches ist es, dem Leser den Rassehund Dobermann nahezubringen, damit er seine Entscheidung für diesen Rassehund bewußt treffen kann. Von besonderer Wichtigkeit ist es, die rassespezifischen Eigenschaften und Ansprüche genau zu kennen, um dem neuen Familienmitglied „Dobermann« ein von Sympathie und Verständnis geprägtes Zuhause geben zu können.

Ein Dobermann fasziniert den neutralen Beobachter zunächst durch sein Exterieur. Sein Gebäude vermittelt den Eindruck von Eleganz und Athletik. Ganz gleich, ob das Haarkleid schwarz oder braun ist – es glänzt und sieht immer gepflegt aus. Der wache Ausdruck der Augen zeigt das Interesse des Hundes an seiner Umwelt. Sein Bewegungsablauf ist kraftstrotzend und voller Energie. Seine Zuverlässigkeit als entschlossener Beschützer der Familie und absolut treuer Begleiter wird weltweit geschätzt.

▶ Entwicklung und Geschichte

Die Hunderasse Dobermann ist noch relativ jung, sie hat ihren Ursprung erst im vorigen Jahrhundert. Um so erstaunlicher ist es, daß es keine konkreten Aufzeichnungen über die Entstehung dieser Rasse gibt. Alles,

was heute über den Dobermann aus seinen Anfangsjahren bekannt ist, beruht auf mündlichen Überlieferungen. Erst mit dem Ausgang des 19. Jahrhunderts beginnen die planmäßigen Aufzeichnungen, so daß man anhand von Zuchtbüchern den Werdegang nachvollziehen kann. Bis dahin hatte jedoch Friedrich Louis Dobermann bereits die Grundlagen für diese Rasse gelegt.

Vielfältig sind die Aussagen von Zeitgenossen über Friedrich Louis Dobermann. Als gesichert gilt, daß er am 2. Januar 1834 geboren wurde und in Apolda / Thüringen lebte und arbeitete. Apolda war zu dieser Zeit mit seinen ca. 20.000 Einwohnern eine bedeutende Stadt, in der Handel, Handwerk und einige Industriebetriebe den Einwohnern ein Auskommen sicherten. Alljährlich wurde ein Jahrmarkt abgehalten, bei dem gleichzeitig auch ein großer Viehmarkt stattfand. Für die Bürger boten diese Festtage die verschiedensten Vergnügungen: Umzüge wurden veranstaltet, an denen sich studentische Verbindungen, Musikkapellen und Fahnenschwenker beteiligten. Neben allerlei Hausrat und Bekleidung konnten die Menschen auch Haustiere kaufen. So

wird verständlich, warum neben Pferden, Schweinen, Rindern, Schafen, Ziegen und allerlei Federvieh auch Hunde zum Kauf angeboten wurden. Hundeausstellungen der heutigen Art kannte man noch nicht; auch gab es noch nicht die Vielzahl durchgezüchteter Rassehunde wie heute. Die feilgebotenen Hunde dieser Märkte bildeten wahrscheinlich das Ausgangsmaterial, aus dem F. L. Dobermann durch verschiedene Paarungen seine Hunde gezüchtet hat.

Es ist an der Zeit, einige Worte über den Mann zu verlieren, dem wir den Rassehund Dobermann zu verdanken haben: F. L. Dobermann übte verschiedene Tätigkeiten im Dienste der Stadtverwaltung aus. Überliefert sind uns seine Beschäftigungen als Steuereintreiber, Nachtpolizist und Caviller (städtischer Abdeckereiverwalter), wobei er auch als Hundefänger tätig war. Als solcher hatte er das Recht, alle frei herumlaufenden Hunde einzufangen und sie nach drei

Belling von Grönland (Belling von Thüringen), geb. 1898. Ein besonders rassetypischer Vertreter seiner Zeit und hervorragender Vererber.

Amor vom Götterfelsen, geb. 1922. Nach den damaligen Rassevorstellungen ein »wunderbar proportionierter Rüde«.

> **Wußten Sie ...**

... daß laut Tierschutz-
gesetz seit dem 1.6.1998
das Kupieren der Ruten
verboten ist? Das Kupieren
der Ohren ist schon seit
dem 1.7.1987 nicht mehr
erlaubt.

Tagen, wenn ihre Ein-
lösung gegen 1,50
Mark nicht erfolgt war,
zu töten. Der Erlös
aus dem Verkauf von
Hundefleisch stellte
für ihn eine ständige
Einkommensquelle
dar. Dobermann tötete
jedoch nicht alle
Hunde, sondern selek-
tierte die bissigen
Hunde, die sehr begehrt waren, und
setzte sie in der Zucht ein. Die Welpen
gab er gegen Entgelt ab.

In Ausübung seiner Tätigkeit als
Steuereintreiber führte Dobermann
des öfteren größere Geldbeträge mit
sich. Um vor Überfällen sicher zu
sein, benötigte er einen Hund zum
persönlichen Schutz. Zu dieser Zeit
gab es jedoch im Deutschen Kaiser-
reich noch keine Schutzhundrassen
im heutigen Sinne. Ob nun der Ver-
dienst aus dem Welpenverkauf oder
das eigene Schutzbedürfnis als Motiv
bei F. L. Dobermann vorherrschte, ist
für uns heute nicht von Belang. Jeden-
falls war das Zuchtziel Dobermanns

der scharfe und mannfeste Hund, der
sich weder vor Stockhieben noch vor
Schüssen fürchtete.

In manchen Publikationen wird
behauptet, daß in den Adern des
Dobermanns Blut fließe von den Vorfahren des Rottweilers, von Hütehun-
den, von Pinschern (in den Anfangsjahren hieß die Rasse auch offiziell
»Dobermann-Pinscher«), des Beauce-
ron, des Manchester Terrier, vom eng-
lischen Greyhound und vom Mastiff
sowie von den Jagdhunden aus dem
Raum Weimar.

Derartige Zuchtversuche wurden
zur Verbesserung der Qualität und
Festigung bestimmter erwünschter
Rassemerkmale unternommen, wobei
riesige Fortschritte, aber auch Rück-
schläge eingesteckt werden mußten.
Über ein solches Experiment aus den
ersten Jahren dieses Jahrhunderts be-
richtete Prof. Dr. Emil Hauck: »Nach
Davis wurden bestimmte, ziemlich
scharfe Greyhounds eingekreuzt.
Unter diesen war eine schwarze Hündin, deren Tochter Stella 1908 geworfen worden war. Die Greyhound-Ein-
kreuzung trat im Blankenberg-Stamm

Gemeinsames Spiel
fördert das Ver-
trauen zwischen
Mensch und Hund.

auf. Ich erinnere mich noch sehr gut, einen von Frau Oberleutnant Stahl auf einer Wiener Ausstellung, 1910, gezeigten schwarz-roten Dobermann mit ungewöhnlich langem, schmalem Kopf und dolchartigem Fang, rankleibig, gesehen zu haben.« Auch der beste reichsdeutsche Kenner der Rasse, Philipp Grünig, erwähnt, daß 1906 ein schwarzer Greyhound mit einer schwarzen Dobermannpinscherhündin gepaart wurde: »Aus dieser Paarung ging eine schwarze Dobermannpinscherhündin hervor, die auf Dobermannpinscher rückgezüchtet wurde. In diesem Wurf lagen Sibylle von Langen und Roland von der Heide. Von Sibylle stammen tiefer Brustkorb und längerer und feinerer Kopf, während Roland meist schmale tiefbrüstige ›Monstrositäten‹ produzierte. Es dauerte 15 Jahre, den Schaden zu reparieren.«

Welche Hunde tatsächlich Pate gestanden haben bei der Entstehung der Rasse Dobermann, läßt sich nur vermuten, nicht schlüssig beweisen. Sobald in der Dobermann-Zucht typische Rassemerkmale bestimmter Hunde wieder durchschlugen, fühlten sich die Verfasser der vorgetragenen Thesen bestätigt.

Dobermanns erste Zuchthündin, die mit ziemlicher Sicherheit »Schnuppe« hieß, hatte ein mausgraues Fell und wurde mit verschiedenen Rüden gepaart, die selbst wiederum Kreuzungsprodukte aus Pinschern, Metzgerhunden, Jagdhunden und damaligen Schäferhunden waren. Eine weitere Hündin, die Dobermann in der Zeit zwischen 1870 und 1880 besaß und als Zuchthündin einsetzte, war die schwarzrote »Bisart«. Eine

ihrer Töchter, »Pinko« mit Namen, die einen angeborenen Mutzschwanz (Stummelrute) hatte, gebar die ersten schieferblauen Welpen. Durch die Einkreuzung von Metzgerhunden, die wahrscheinlich auch Vorfahren unserer heutigen Rottweiler sind, traten in den Würfen der Dobermannschen Zucht teilweise Welpen mit angeborener Stummelrute auf. Man versuchte damals, diesen Kurzschwanz durch entsprechende Paarungen erbmäßig zu festigen, jedoch ohne Erfolg.

Friedrich Louis Dobermann mit seinen Getreuen und der mausgrauen Hündin »Schnuppe«.

Die Metzgerhunde der damaligen Zeit hatten ein intensiv schwarzes Haarkleid mit rostfarbenen Abzeichen. Diese Zeichnung, die auch für den heutigen Dobermann charakteristisch ist, wies der Dobermann bereits um die Jahrhundertwende auf. Allerdings hatten die Hunde durchweg unerwünschte weiße Abzeichen an der Unterseite des Halses und an den Hinterpfoten, die Otto Göller damals als »unaustilgbar« bezeichnete. Weiße Abzeichen an der Brust waren dagegen obligatorisch und wurden nicht als Fehler angesehen. Durch konsequentes Züchten unter Ausschluß der Hunde mit Weißzeichnung ist es

Ein Dobermann in seinem Element – Bewegung in der freien Natur.

gelungen, den Dobermann nach Rassestandard ohne weiße Abzeichen zu züchten, und noch heute ist eine Weißzeichnung mit dem Zuchtverbot verbunden.

Die Welpen, die Dobermann abgab, waren alle an den Ohren und Schwänzen kupiert, »um den Hunden ein besseres Aussehen zu geben«. Leider konnte F. L. Dobermann den weltweiten Siegeszug seiner Hunde nicht selbst erleben, da er schon im Alter von 60 Jahren am 9. Juni 1884 starb.

▶ Der erste Klub

Nach Dobermanns Tod begann der Aufstieg der von ihm gezüchteten Hunde. Otto Göller, ebenfalls aus Apolda stammend, war einer der ersten, die sich intensiv mit der Weiterzüchtung der Dobermannschen Hunde befaßten. Der Hamburger Geflügelzüchter Oskar Vorwerk, der geschäftliche Kontakte in alle Welt unterhielt, machte Göller auf diese Hunde seiner Heimatstadt Apolda aufmerksam. Göller erwarb etliche Hunde der Dobermannschen Zuchtrichtung, züchtete mit ihnen und verkaufte die Welpen. Schon zur damaligen Zeit wurden Welpen in die Länder Süd- und Mittelamerikas verschickt.

Göllers Engagement für diese Hunde hatte bedeutenden Einfluß auf die Weiterentwicklung der Rasse. Er warb durch Reklame und Publikationen für die in seinem Zwinger »von Thüringen« gezüchteten Tiere. Ihm ist es mit zu verdanken, daß sich der Dobermann zu dem entwickeln konnte, was er heute ist.

Ein weiterer Mann, dem entscheidende Verdienste zukommen, ist Goswin Tischler. Auch er lebte in Apolda und züchtete unter dem Zwingernamen »von Grönland« viele bekannte Dobermänner; Graf Belling von Grönland und Gerhilde gehörten zu den ersten Dobermännern, die in das Zuchtbuch eingetragen wurden. Graf Belling hatte die Zuchtbuch-Nr. NZ 1, Gerhilde NZ 2.

Leider war es in den Anfangsjahren der Zucht nicht üblich, die Hunde ihr Leben lang unter dem Zwingernamen zu führen, unter dem sie gezüchtet worden waren. Kaufte vielmehr ein Züchter einen Hund, so wurde er fortan unter dem Zwingernamen des neuen Besitzers geführt. Bei wiederholtem Besitzerwechsel konnte es vorkommen, daß der gleiche Hund in der Zucht unter mehreren Namen auftauchte. Daraus resultieren die Schwierigkeiten, die Zuchtlinien zurückzuverfolgen.

Neben den Zwingern »von Thüringen« und »von Grönland« wurde der Zwinger »von Ilm-Athen« des Züchters Gustav Krumbholz bekannt. Auch seine Dobermänner waren in den Anfangsjahren würdige Rassevertreter, die die Zucht entscheidend weiterbrachten.

Diese Männer der ersten Stunde verfolgten alle das gleiche Ziel: die neue Hunderasse Dobermann weiterzuentwickeln, bekannt zu machen und zu fördern. Es war deshalb nur verständlich, daß sie am 27. 8. 1899 anläßlich einer kynologischen Schau in Apolda den »Dobermann-Pinscher-Klub Apolda« gründeten. Die Geburtsstunde des heutigen Dobermann-Vereins hatte geschlagen. Schon im Jahre 1900 benannte man den Klub um in »Nationaler Dobermann-Pinscher-Klub für Deutschland e.V., Sitz in Apolda«.

Damit sollte dokumentiert werden, daß der Klub für das gesamte Territorium Deutschlands zuständig war. Das Jahr 1899 brachte für die an der Dobermann-Rasse interessierten Züchter einen weiteren entscheidenden Fortschritt: Die Hunde des von Dobermann gezüchteten Typs wurden von der Delegiertenkommission zugelassen. Damit war der Weg zur Aufnahme der Dobermannschen Hunde in das »Deutsche Hundestammbuch« im Jahre 1900 geebnet. Letzteres war vom »Verein zur Veredelung der Hunderassen für Deutschland« mit Sitz in Hannover geschaffen worden.

Die erste Hundeausstellung in Deutschland fand im Jahre 1863 in Hamburg statt. Viele Hundezüchter und -liebhaber aus dem In- und Ausland, vor allem aus England, der Hochburg der Hundezucht, nahmen an dieser Schau teil. Sinn und Zweck dieser Veranstaltungen war es, die verschiedenen Hunderassen breiten Bevölkerungsschichten bekannt zu machen. Göller glaubte, Dobermänner zum ersten Male auf der großen internationalen Ausstellung im Sommer 1897 in Erfurt gesehen zu haben. Auf den Ausstellungen in Berlin-Pankow 1899, in Dresden-Tolkewitz 1900 und in Rotterdam 1901 waren sie nach seiner Aussage schon sehr gut vertreten.

In den ersten Zuchtbüchern findet man klangvolle Namen. Graf Belling war zu seiner Zeit der Dobermann schlechthin. Sein äußeres Erscheinungsbild und sein ausgezeichnetes Wesen gab er an viele seiner Nach-

> **▶ Wußten Sie ...**
>
> ... daß der Dobermann-Verein (DV e.V.) 1999 bereits sein 100jähriges Bestehen feiern kann?

Kopfstudie einer schwarz-roten Hündin mit korrekt getragenem, aber sehr großem Ohr.

▶ Wußten Sie ...

... daß es den Dobermann in vier Farbschlägen gibt? In schwarz-rot, braun-rot, blau und isabell, jeweils mit roten Abzeichen. Die beiden letztgenannten werden aber nicht mehr zur Zucht zugelassen.

kommen weiter. Weitere bedeutende Hunde ihrer Zeit waren Erbgraf Zingo von Thüringen und Freiin Barbara von Thüringen, geboren am 22. Juli 1900, beide Kinder von Graf Belling; dann Greif von Grönland, Junker Slenz von Thüringen sowie Prinz von Ilm-Athen. Zur damaligen Zeit fielen schon Dobermänner aller vier Farbschläge: schwarz-rot, braun-rot, blau-rot und isabellfarben (falb). Ihr Aussehen ist mit dem von heute nicht zu vergleichen, denn die Zucht dieser Rasse steckte noch in den Kinderschuhen. Es galt, noch viele Fehler im äußeren Erscheinungsbild und im Wesen auszumerzen. Bemerkenswert ist jedoch die Tatsache, daß selbst die Dobermänner dieser Anfangsjahre, die durch ihre Schärfe besonders hervorstachen, niemals gegen Kinder bissig gewesen sind.

▶ Der Dobermann-Verein

Eines der Ziele des am 27. August 1899 gegründeten »Dobermann-Pinscher-Klub Apolda« war es, der neuen Rasse Anerkennung zu verschaffen und ihr den Weg zum allseitig anerkannten Gebrauchs- und Rassehund zu ebnen. Weitere Klubgründungen folgten, bis es zeitweilig bis zu einem Dutzend Dobermann-Vereine in Deutschland gab. Nur auf die Querelen und Streitereien unter den Züchtern und Besitzern ist es zurückzuführen, daß der hervorragende Gebrauchshund Dobermann nicht zur

führenden Gebrauchshunderasse wurde. Die ständige Neugründung von Clubs und Verbänden, alle mit eigenen Zielsetzungen, störte die kontinuierliche Entwicklung der Rasse empfindlich.

Anfang des 20. Jahrhunderts gab es in Deutschland ungefähr 1000 Dobermannbesitzer und nur doppelt so viele Schäferhundbesitzer. Nach absoluten Zahlen lag der Dobermann hinter dem Deutschen Schäferhund und dem Teckel auf dem dritten Rang. Durch den Einsatz des Rittmeisters von Stephanitz, einer starken Persönlichkeit, wurde der Deutsche Schäferhund zu der Gebrauchshunderasse schlechthin, die in aller Welt verbreitet, gezüchtet und gefördert wurde. Da dem Dobermann-Verein solch ein engagierter und anerkannter Kynologe fehlte, litt auch die Entwicklung der Rasse darunter, wovon sie sich bis zum heutigen Tage nicht erholen konnte.

▶ Ursprüngliche Verwendung

Die Hunde, die F. L. Dobermann züchtete, mußten vor allem selbstbewußt sein, ihn furchtlos gegenüber Angreifern verteidigen sowie weder von Pistolenschüssen noch von Stockschlägen beeindruckt sein. Durch gezielte Zuchtauswahl verstärkte er die Schutzhundeigenschaften seiner Hunde derart, daß sie sich von den bis dahin gezüchteten sehr bald auffallend abhoben. Die Dobermannschen Hunde waren in Apolda schnell bekannt: Als bedingungslose Kämpfer, scharfe Wächter für Haus und Hof, geeignet auch als Jagdhunde mit ausgezeichnetem Riech- und Spürsinn, die sich nicht scheuten, Dachse, Füchse, Marder sowie Kleingetier wie Ratten und

Mäuse zu erlegen. All diese damals erwünschten Eigenschaften findet man auch heute noch bei unseren Dobermännern mehr oder weniger stark ausgeprägt.

▶ Eigenschaften und Bedürfnisse

Ein Dobermann ist ein überaus temperamentvoller Hund. Er will und muß sich täglich ausreichend bewegen, um ausgeglichen und zufrieden zu sein. Langeweile bekommt ihm nicht. Seine daraus resultierende Unzufriedenheit und Unausgeglichenheit reagiert er durch ständiges Bellen ab sowie durch das Zerstören von vielerlei Gegenständen, die er in Haus und Hof findet.

Ein Dobermann-Besitzer sollte ein ausgeglichener, gradliniger Mensch sein, der in der Lage ist, seinen Hund liebevoll, aber konsequent zu erziehen. Unkontrolliertes Verhalten sowie unangemessenes bzw. ungerechtes Bestrafen des Hundes führen unweigerlich zu einem nachhaltigen Vertrau-

Aufmerksam beobachtet der junge Rüde seine Umgebung.

▶ Kann ich die Bedürfnisse eines Dobermanns erfüllen?

☐ Habe ich mehrmals täglich Zeit, meinem Hund die notwendige Bewegung und Beschäftigung zu verschaffen?

☐ Bewege ich mich selbst gerne bei jedem Wetter in der Natur?

☐ Behalte ich in schwierigen Situationen die Nerven, d. h., reagiere ich ruhig und überlegt?

☐ Bin ich physisch in der Lage, einen ausgewachsenen Dobermann sicher zu führen?

☐ Bin ich finanziell in der Lage, für Futter, Tierarzt, Steuern, Versicherung, evtl. Vereinsmitgliedschaft, Ausstattung des Hundes (Leine, Halsband, Korb usw.) aufzukommen?

☐ Ist mein Auto (Kombi) geeignet für den Transport eines Dobermanns in einer entsprechenden Box?

☐ Erlaubt der Vermieter die Hundehaltung und/oder gestattet er – falls notwendig – das Aufstellen eines Zwingers?

☐ Sind alle Familienmitglieder mit der Anschaffung des Dobermanns einverstanden und bereit, sich um ihn zu kümmern?

☐ Hat niemand in der Familie Probleme mit Allergien?

☐ Habe ich eine zuverlässige und mit großen Hunden vertraute Person, die sich um meinen Hund kümmert, wenn ich erkrankt, in Urlaub oder sonst abwesend bin?

ensbruch zwischen Mensch und Hund. In extremen Fällen ist nachvollziehbar, wenn ein derart mißhandelter Hund sich durch Zubeißen zur Wehr setzt. Kein Hund, besonders kein Dobermann, ist von Geburt an falsch oder bösartig. Erst der Mensch mit seinem mangelnden Verständnis für die Bedürfnisse des Tieres bringt es durch seine negative Behandlung zu unerwünschten Reaktionen. Der Hund ist immer auch ein Spiegelbild seines Herrn. Jeder Hundebesitzer, der offen, ehrlich und diszipliniert mit seinem Tier umgeht, wird sich auch eines anhänglichen, fröhlichen Hundes erfreuen können. Hunde, die so geprägt wurden, lassen sich leicht halten und erziehen, zur Freude des Besitzers und auch der Umwelt.

▶ Ansprüche an den Halter

Ein Dobermannhalter sollte ein Mensch sein, der sich gern bewegt. Er sollte Freude daran haben, tagtäglich, auch bei schlechtem Wetter und zu jeder Jahreszeit, große Spaziergänge mit seinem Hund zu machen. Außerdem sollte er seinen Hund spielerisch beschäftigen und regelmäßig am Fahrrad laufen lassen. Diese Beschäftigung sollte dem Bewegungsbedürfnis des Hundes Rechnung tragen, natürlich immer abgestimmt auf das Alter des Hundes, seinen Konditionszustand sowie die Witterungsbedingungen. Ein derart zufriedengestellter Dobermann läßt sich problemlos auch in der Wohnung halten, da sein kurzes Haarkleid ausgesprochen leicht zu pflegen ist.

Ein Dobermann zieht ein

Ein Dobermann zieht ein

▶ Gute Züchter finden

Nachdem Sie nun in aller Ruhe die einzelnen Punkte der Checkliste auf Seite 14 alle, ausnahmslos alle, mit einem überzeugenden »Ja« beantworten konnten, ist der erste Schritt zu Ihrem Traumhund getan. Sie wissen, was von Ihnen als neuer Dobermann-Besitzer erwartet wird, um mit Ihrem Hund ein glückliches Team zu werden.

▶ TIP

Kaufen Sie nicht unbedingt bei dem Züchter, der um die Ecke wohnt. Für einen guten Welpen muß man manchmal viele hundert Kilometer weit fahren, aber es lohnt sich allemal. Es ist sehr sinnvoll, sich zunächst mit verschiedenen Züchtern in Verbindung zu setzen und dabei seine Wünsche und Vorstellungen vorzubringen.

Besuchen Sie zunächst Hundeausstellungen des VDH oder spezielle Dobermann-Veranstaltungen des DV. Dort treffen Sie Dobermann-Liebhaber und -Züchter. Reden Sie mit vielen von ihnen, und stellen Sie die Fragen, die Sie beschäftigen. Beginnen Sie danach schrittweise, ohne Zeitdruck, den für Sie besten Dobermann-Welpen zu finden. Wenden Sie sich an den Dobermann-Verein, der Ihnen eine Liste seiner Züchter und momentanen Zuchtpaarungen zusendet. Jetzt liegt es an Ihnen selbst, die richtige Entscheidung zu treffen.

Jeder verantwortungsbewußte Züchter wird Ihnen gerne ausführlich Auskunft geben. Wundern Sie sich nicht, wenn auch der Züchter viele Fragen an Sie stellt. Er möchte wissen:
- zu wem sein liebevoll aufgezogener Welpe kommt,
- wie die Familienkonstellation ist,
- wie das häusliche Umfeld aussieht,
- wer sich um den Welpen kümmern wird,
- welche Hundeerfahrung Sie haben,
- ob der Hund ausschließlich Familienhund sein wird,
- ob Sie planen, ihn auszubilden und auf Ausstellungen zu zeigen.

Seien Sie höchst skeptisch, wenn ein Züchter Ihnen ohne Nachfragen einen Welpen verkaufen will. Solche Leute vermehren Hunde nur aus Profitsucht und sind keine Rasseliebhaber. Eine artgerechte Aufzucht ist selten gewährleistet. Ein verantwortungsvoller

Züchter will seine Welpen nicht »an den Mann/an die Frau« bringen, sondern möchte, daß der neue Hundebesitzer den Welpen bekommt, der seinen persönlichen Ansprüchen und Vorstellungen entspricht.

▶ Die richtige Wahl

Sie werden nun entscheiden müssen, ob Sie einen Rüden oder eine Hündin auswählen. Welche Farbe soll das Haarkleid haben, schwarz-rot oder braun-rot? Soll ein Welpe, ein Junghund oder ein ausgewachsenes Tier gekauft werden? Auf diese Fragen eine allgemeingültige Antwort zu geben, ist nicht möglich.

RÜDE ODER HÜNDIN? ▶ Man kann so viel sagen, daß Rüden nicht nur größer und stärker werden als Hündinnen, sondern häufig auch einen willensstärkeren und dominanteren Charakter besitzen. Hündinnen sind in der Regel anschmiegsamer und leichter zu leiten. Sie sind allerdings normalerweise zweimal pro Jahr für ca. 3 Wochen wegen der Läufigkeit (Hitze) nur mit Einschränkungen zu führen. Zum Sport und zu Ausstellungen sind Rüden wie Hündinnen gleichermaßen geeignet. Kinderlieb sind beide, und bei entsprechender Erziehung auch problemlos zu halten.

DIE FARBEN ▶ Die Farbe des Haarkleides ist für die Qualität des Hundes in bezug auf Formwert bzw. Leistungsfähigkeit bedeutungslos. Hier entscheidet allein der persönliche Geschmack. In Deutschland waren in den letzten Jahren ca. 75 % der aufgezogenen Welpen schwarz-rot, alle anderen braun-rot.

DAS ALTER ▶ Was das Alter Ihres zukünftigen Dobis betrifft, so sollte ein Anfänger in der Hundehaltung oder jemand, der von einem kleinen Schoßhund zu einem Dobermann wechselt, am besten mit einem Welpen beginnen. Auch ein Junghund im Alter bis zu sieben Monaten kann sich in der Regel noch problemlos in eine neue Familie eingewöhnen. Sind die Hunde jedoch einmal geschlechtsreif und ausgewachsen, dann haben sie schon einen sehr starken eigenen Willen. Sie haben viele Erfahrungen

Menschlicher Kontakt ist für die Prägung eines Welpen von entscheidender Bedeutung.

gemacht, positive wie negative, und gehören dann, wie andere Gebrauchshundrassen auch, in die Hände eines erfahrenen Hundeführers.

Außerdem muß man sich vor Augen halten, daß ausgewachsene Hun-

TIP

Achten Sie darauf, daß auf den Ahnentafeln der Aufdruck »Dobermann-Verein e.V. im VDH und der FCI« vorhanden ist. Nur dann können Sie sicher sein, daß die Papiere echt sind, daß die Zucht vom DV überwacht und nach einem fest vorgeschriebenen Reglement zum Wohle der Hunde durchgeführt wird.

de zumeist nur weiterverkauft werden, wenn sie irgendwelche Fehler anatomischer oder charakterlicher Art haben. Die wesensmäßigen Defizite sind in fortgeschrittenem Alter normalerweise nicht mehr zufriedenstellend zu regulieren. Man hat dann für viele Jahre einen Hausgenossen, der mehr Probleme macht als Freude.

MIT BEDACHT ENTSCHEIDEN ▶ Entscheiden Sie sich auf gar keinen Fall direkt beim ersten Besuch bei einem Züchter für einen Welpen. Lassen Sie sich nicht von Ihren Gefühlen überwältigen, sondern lassen Sie Ihren Verstand mitentscheiden. Grundsätzlich wird man von Welpen emotional sehr stark angesprochen. Man neigt dadurch zu spontanen Entschlüssen,

die man unter Umständen später bereut. Der Hund wird voraussichtlich ca. 10 Jahre mit Ihnen zusammenleben, also treffen Sie Ihre Wahl ganz bewußt, ohne Wenn und Aber. Schon der kleinste Kompromiß ist einer zuviel und später vielleicht der Grund, sich von dem Hund zu trennen.

DER RICHTIGE ZÜCHTER ▶ Vereinbaren Sie mit den Züchtern möglichst schon vor dem Geburtstermin der Welpen einen Besuch. Schauen Sie sich alle Hunde an, die in ihrem Besitz stehen. Auch die Räumlichkeiten, evtl. Zwinger, in denen die Hunde leben, sollten Sie interessieren. Es versteht sich von selbst, daß alles sauber und frei von Urin und Exkrementen sein muß. Der Trinknapf muß zu jeder Zeit mit frischem Wasser gefüllt sein, der Futternapf sauber gespült. Kaufen Sie nur dort einen Dobermann, wo Sie auch ein ordentliches äußeres Umfeld vorfinden. Alle Hunde müssen im Beisein des Züchters ein freies und offenes Wesen zeigen.

Unaufgefordert wird man Ihnen in alle Zuchtunterlagen Einsicht gewähren (Ahnentafeln, Zuchttauglichkeitsprüfungen, HD- und ED-Auswertungen, Zuchtschau-Bewertungen, Schutzhundprüfungs-Ergebnisse etc.). Nachdem Sie sich bei mehreren

Diese Vereinsembleme finden sich auf allen Dokumenten.

Züchtern informiert haben, werden Sie sich für einen entscheiden, bei dem Sie Ihren Welpen erwerben möchten. Klären Sie dann mit ihm rechtzeitig ab, welches Geschlecht und welche Fellfarbe Ihr Welpe haben soll. Besuchen Sie den Züchter und die Hunde, sooft es Ihnen möglich ist.

Haben Sie aber auch Verständnis dafür, daß viele Züchter in den ersten drei Wochen keine fremden Personen in den Wurfraum lassen, um eine mögliche Infizierung der Welpen mit Krankheitserregern zu vermeiden.

Bei der Auswahl eines Welpen sollte man sich neben den oben genannten Papieren vor allem die Mutterhündin genau ansehen, denn das Verhalten der Zuchthündin prägt die Welpen entscheidend. So, wie sie auf Menschen reagiert, tun es auch ihre Nachkommen. Eine Hündin, die aggressiv und unsicher Fremde anbellt, beim Näherkommen jedoch ängstlich zurückweicht, ist ein schlechtes Vorbild für ihre Welpen. Schnell werden diese ihr Verhalten annehmen. Die natürliche Vertrauensbasis zum Menschen wird nachhaltig gestört, was sich auf das spätere Zusammenleben von Mensch und Hund negativ auswirkt. Eine gute Zuchthündin sollte im Beisein des Züchters freundlich und offen zu Fremden sein.

DEN WELPEN AUSSUCHEN ▶ Beobachten Sie die einzelnen Welpen genau und nach Möglichkeit auch über einen längeren Zeitraum und wiederholt. Hocken Sie sich dabei hin oder setzen Sie sich auf den Boden und lassen Sie die Welpen auf sich zukommen. Sie werden nach einiger Zeit Unterschiede sowohl in der

Anatomie als auch im Verhalten feststellen. Ein Welpe, der immer scheu in einer Ecke sitzt und offensichtlich Angst hat, wird sich mit Sicherheit nicht zu einem wesensstarken, umweltsicheren Hund entwickeln. Glauben Sie nicht den Beteuerungen, der zurückhaltende Hund sei eben eine ganz besondere Persönlichkeit.

Jeder optimal geprägte Welpe kommt ohne Scheu freudig auf Menschen zu und möchte Kontakt haben. Er beschnüffelt sie neugierig, leckt ihnen eventuell die Hand, wedelt mit der Rute. Ein solcher Welpe zeigt bereits jetzt eine gewisse Persönlichkeit, die er sicherlich auch als erwachsener

---

Die Grundausstattung für den Welpen

☐ Lederhalsband mit Adressanhänger

☐ Flexi-Leine

☐ Kunststoffleine, ca. 1,50 m lang

☐ Wasser- und Futterschüssel aus Edelstahl

☐ höhenverstellbarer Ständer für die Schüsseln

☐ Gitterbox (Größe für ausgewachsenen Dobermann)

☐ waschbare Einlage für die Gitterbox

☐ Pflegehandschuh

☐ Spielzeug

☐ Reisebox für das Auto

☐ spezielles Welpenaufzuchtfutter (nach Rücksprache mit dem Züchter)

Der Lieblingsplatz ist für die Zukunft schon festgelegt. Zur einwandfreien Unterscheidung tragen die einzelnen Welpen verschiedenfarbige Halsbänder.

Hund nicht mehr ablegen wird. Dies ist jedoch vor allem auch von der weiteren Aufzucht bzw. Haltung abhängig, also von Ihnen selbst.

▶ **Vorbereitungen zu Hause**
Mit frühestens acht Wochen können Sie Ihren Welpen nach Hause holen. Dort haben Sie alles entsprechend hergerichtet. Ihr zukünftiges Familienmitglied erfordert viele praktische Vorbereitungen.

SICHERHEIT ▶ Man muß sich genau überlegen, was im Haus bzw. im Garten für den Welpen gefährlich werden könnte. Ein Welpe ist wie ein Kleinkind, er nimmt alles in die Schnauze. Dabei macht er keine Unterschiede zwischen wertvoll oder wertlos, zwischen gefährlich oder ungefährlich. Kleinteile wie winziges Kinderspielzeug oder z. B. Stecknadeln können eine todbringende Gefahr für den klei-

nen Entdecker sein. Auch Elektrokabel von Lampen, Bügeleisen etc. führen schnell zu Katastrophen. Putzmittel müssen unerreichbar aufbewahrt werden. Treppen sollten mit Kindergittern gesichert werden, der Garten muß mit einem entsprechend hohen, stabilen Zaun eingefriedet sein. Alle vielleicht benutzten chemischen Keulen gegen ungebetene Tiere und Pflanzen im Garten müssen beseitigt sein.

Auch wenn alle Hunde von Natur aus schwimmen können, so kann ein Gartenteich mit Steilufer oder ein Schwimmbecken zur tödlichen Falle werden. Durch entsprechende Netze oder Gitter ist auch hier Sicherheit zu schaffen.

KLEIDUNG ▶ Ein gesunder, aufgeweckter Welpe ist unternehmungslustig. Er will alles kennenlernen, alles beriechen, alles mit seinen nadelspitzen scharfen Zähnen testen. Er will seiner Lebensfreude jederzeit Ausdruck geben, unter anderem durch Hochspringen an seinem neuen Besitzer. Robuste Kleidung ist deshalb angebracht. Wenn Sie all dies nicht mögen, sollten Sie sich lieber keinen Hund anschaffen. Das Zusammenleben wird für Sie und den Hund ansonsten zu einer einzigen Tortur.

SCHLAF- UND FUTTERPLATZ ▶ Der Platz, an dem der Hund im Haus liegen soll, muß sich an einer ruhigen, zugfreien Stelle befinden. Dort sollte der Hund auf einer wärmenden Unterlage oder in einer Gitterbox (aus dem Tierbedarfsfachhandel) seine Ruhephasen haben können.

Eine Freß- und eine Trinkschüssel, in einem höhenverstellbaren Futterständer, sollten an einem Ort stehen, dessen Untergrund gegebenenfalls leicht zu reinigen ist. Gerade Welpen sind noch nicht in der Lage, aus ihrem Napf zu fressen, ohne auch ihre Umgebung daran teilhaben zu lassen.

▶ **Zwingerhaltung – ja oder nein?**
Prinzipiell ist gegen eine zeitweilige Zwingerhaltung nichts einzuwenden. Berufstätige zum Beispiel sind gut beraten, während ihrer Abwesenheit den Hund im Zwinger unterzubringen. Der Hund muß aber unbedingt in der übrigen Zeit Familienanschluß haben, damit sich eine enge Bindung aufbauen kann und der Hund nicht seelisch verarmt. Nur zu oft reißt der Kontakt bei einer ständigen Zwingerhaltung derart ab, daß der Hund nur noch sein Fressen erhält, ohne daß an Zuwendung und Bewegung gedacht wird; er entwickelt sich nicht, sondern degeneriert zum seelischen Krüppel.

Bei ständiger Haltung in der Wohnung hingegen wird der Hund oft zum zusätzlichen »Kind«, er wird vom Tisch gefüttert, benutzt Sessel und Couch und schläft sogar mit im Bett. Eine solche Haltung bringt zwar eine enge Bindung, ist aber sicher auch nicht artgerecht. Sie führt zur Verweichlichung des Hundes, von der Verminderung der Lebensqualität für den Besitzer ganz zu schweigen. Aufgrund langjähriger Erfahrung und Abwägung aller Fakten plädiere ich persönlich für eine kombinierte Woh-

TIP
Als Meutetier fühlt sich der Hund in Gesellschaft am wohlsten, auch wenn diese nur aus Zweibeinern besteht. Der Mensch ist für den Welpen der Rudelführer, ihm ordnet er sich unter, ihm folgt er.

nungs- und Zwingerhaltung, da ein Zwinger dem Hund den nötigen Freiraum, auch zum Lösen während der Abwesenheit des Besitzers, gibt. Außerdem kann der Hund aus Langeweile nichts zerstören, wie es bei Wohnungshaltung häufig vorkommt.

Soll der Welpe also zeitweilig in einer Zwingeranlage untergebracht werden, so muß auch diese bei seinem Eintreffen fertig hergerichtet sein, da eine spätere Umgewöhnung problematisch wird.

Die Mindestgrundfläche eines Zwingers für einen Dobermann muß 2 m mal 4 m gleich 8 qm betragen. Er sollte eine Mindesthöhe von 1,80 m aufweisen, damit der Hund die Anlage nicht überwinden kann. Das Tierschutzgesetz schreibt weiterhin vor, daß Boden, Einfriedung und die übrige Einrichtung des Zwingers aus gesundheitsunschädlichem Material bestehen müssen. Daß die Verarbeitung so beschaffen ist, daß keinerlei Verletzungsgefahr für den Hund besteht, ist selbstverständlich.

Ein Teil der Anlage muß überdacht sein, damit der Hund sich auch bei feuchtem Wetter draußen aufhalten kann, ohne naß zu werden. Im überdachten Teil des Zwingers soll ein schattiger Platz auf einer wärmedämmenden Liegefläche zur Verfügung stehen, den der Hund bei starker Son-

neneinstrahlung und hohen Temperaturen aufsuchen kann.

Außerdem ist eine doppelwandig isolierte Hundehütte erforderlich. Ihre Größe muß zum einen so beschaffen sein, daß der Hund sich darin verhaltensgerecht bewegen kann, d.h., sie soll ihm ausreichend Platz bieten. Zum anderen muß der Hund sie bei Minustemperaturen in der kalten Jahreszeit durch körpereigene Wärmeentwicklung warm halten können. Der Hütteneingang soll zur wetterabgewandten Seite liegen und darf keine Feuchtigkeit eindringen lassen. Genau wie im Haus braucht der Hund einen

Mein Beobachtungsposten – von hier aus habe ich alles unter Kontrolle.

festen Platz für die stets gefüllte Wasserschüssel und den Freßnapf.

Natürlich wird es jeder Hund vorziehen, im Haus gehalten zu werden. Speziell ein Welpe stellt an seinen neuen Besitzer hohe Anforderungen in bezug auf Zeit, Zuwendung und menschlichen Kontakt. Er hat bisher mit seiner Mutter und seinen Geschwistern in engem Kontakt gelebt, sie haben zusammen gefressen, geschlafen und gespielt.

▶ **Den Welpen abholen**

Wenn die Welpen acht Wochen alt sind, gibt der Züchter sie an ihre neuen Besitzer ab. Der gesamte Wurf ist vorher vom Zuchtwart des DV besichtigt worden. Man kann dann normalerweise sicher sein, daß die Welpen keine zuchtausschließenden Mängel aufweisen. Dies wären z. B. ein unvollständiges Welpengebiß, weiße Flecken sowie bei Rüden Hoden, die nicht beide im Hodensack liegen. Außerdem sind die Welpen bis zum Abgabetermin mehrmals entwurmt und mindestens einmal geimpft worden. Der Welpe ist also nach menschlichem Ermessen gesund, ohne zuchteinschränkende Fehler und wird mit Impfpaß an den neuen Besitzer übergeben. Die Ahnentafel wird nach einigen Wochen nachgereicht, wenn sie vom DV ausgestellt worden ist.

VORBEREITUNGEN ▶ Man weiß vorher schon genau, welchen Welpen man mit nach Hause nehmen wird. Man hat zum Züchter vorher eine Decke mitgenommen, die er in die Wurfkiste gelegt hat. Mit dieser Decke bringt man seinen Welpen nach Hause, sie liegt auf seinem neuen Schlafplatz. Der vertraute Geruch vermittelt ihm ein Stück Heimatgefühl und macht ihm die Umgewöhnung leichter.

Wenn man ganz viel Glück hatte, konnte man sogar den Rufnamen zur Eintragung in die Ahnentafel selbst auswählen. Am Tag der Übernahme sollte der Züchter den Welpen möglichst vorher nicht mehr füttern. Dies hat zwei Gründe: Zum einen ist der Welpe dann bei der Ankunft im neuen Heim hungrig. Er wird also normalerweise das ihm vorgesetzte Futter mit Appetit fressen; damit hat er gleich ein positives Erlebnis in der neuen Umgebung. Zum anderen vertragen manche Welpen längere Autofahrten mit vollem Magen nicht besonders gut und müssen sich unter Umständen erbrechen.

Über die Ernährung des Welpen sollten Sie sich vorher vom Züchter eingehend informieren lassen. Ein gewissenhafter Züchter hat für seine Welpenkäufer einen detaillierten Fütterungsplan aufgestellt, dem man alle wichtigen Informationen entnehmen kann. Neben Fütterungszeiten sind auch die Futtermengen, eine Empfehlung für die Zusammensetzung des Futters und die Telefonnummer des Züchters für den Notfall angegeben.

DER HEIMWEG ▶ Wenn der Züchter Ihres Welpen sehr weit entfernt wohnt, sollten Sie auf jeden Fall schon für die Rückreise ein Halsband und ein Leinchen besorgt haben. Junge Hunde müssen sich in sehr kurzen Abständen lösen, das heißt, Sie müssen unterwegs einige Pausen einlegen und das Hündchen laufen lassen –

natürlich nur an der Leine, auch wenn der Welpe sich damit wenig einverstanden zeigt. Bei diesen Pausen sollten Sie auch ein wenig Wasser reichen, das Sie in einer Flasche mitgenommen haben. Das Wasser muß immer handwarm sein.

Während der Fahrt sitzen Sie am besten mit Ihrem Welpen auf dem Rücksitz. Dann können Sie sich ganz um ihn kümmern, ihm die nötigen Streicheleinheiten geben, damit er sich wohl fühlt. Damit ist der Grundstein für problemlose, zukünftige Autofahrten gelegt. Vergessen Sie nicht, eine entsprechende Unterlage auf die Sitze zu legen, Welpen sind oft aus Angst »undicht«. Halten Sie sich vor Augen, daß der Welpe zunächst mit dem Autofahren nur Unangenehmes verbindet: Trennung von Mutter und Geschwistern, eine ungewohnte Umgebung, fremde Menschen, ungewohnte Geräusche und Bewegungen. Wenn man beim ersten Mal Fehler macht, hat man unter Umständen lebenslänglich einen ängstlichen Hund beim Autofahren.

▶ **Die ersten Stunden und Tage**
Ein Welpe braucht noch sehr viel Schlaf. Sein Tagesablauf ist bestimmt durch Schlafen, Lösen, Spielen, Fressen, Lösen, Schlafen. Wenn Sie also

TIP

Die ersten Tage sollte der Welpe möglichst sein gewohntes Futter bekommen, dann fällt ihm die Umstellung leichter, und er bekommt keinen Durchfall. Manche Züchter geben deshalb für die ersten Tage einige Futterrationen mit.

mit dem Welpen zu Hause angekommen sind, lassen Sie ihn zunächst im Garten frei laufen, bzw. gehen Sie mit ihm eine kleine Wegstrecke, auf der er sich auch in Zukunft lösen soll. Alles muß mit Ruhe und viel Einfühlungsvermögen ablaufen, damit der Welpe sich wohl fühlt.

Anschließend geben Sie ihm an der dafür vorgesehenen Stelle sein Fressen, das stets handwarm sein sollte. Bleiben Sie bei ihm, und reden Sie ihm gut zu. Es gibt Welpen, die diesen Zuspruch benötigen. In der Regel aber fressen sie zügig die dargebotene Mahlzeit. Nach dem Fressen sollte der Welpe noch einmal für kurze Zeit draußen herumlaufen, denn die Futteraufnahme hat die Verdauung angeregt, und er wird normalerweise Kot absetzen. Dabei muß der Welpe mit Worten und Streicheln kräftig gelobt werden, denn er soll ja von Anfang an lernen, daß es sein Frauchen oder Herrchen ganz besonders erfreut, wenn er sich draußen löst. Danach muß der Welpe seine Ruhephase haben, um die Mahlzeit gut verdauen zu können.

STUBENREINHEIT ▶ Wird der Welpe im Haus gehalten, beobachten Sie ihn aufmerksam. Sobald er nach dem Schlafen aufsteht, muß er normalerweise sein Geschäft erledigen. Nehmen Sie ihn sofort auf den Arm und tragen Sie ihn nach draußen an die Stelle, die Sie zum Lösen vorgesehen haben. Ermuntern Sie ihn, und loben Sie ihn wieder mit Worten und Streicheln, sobald er sein Geschäft verrichtet hat. Der Welpe wird dies als angenehm empfinden. Ein Hund lernt nur durch ständige Wiederholung. Der

Vater und Sohn
haben es sich ge-
mütlich gemacht.

Welpe verknüpft sehr bald sein Lösen mit der Begleiterscheinung, daß er danach gelobt wird. Der erste Schritt zur Stubenreinheit ist getan! Nach dem Lösen darf der kleine Dobi draußen spielen, einen kleinen Spaziergang machen oder ins Haus. Nachdem er sich ausreichend bewegt hat, kommt er wieder zurück an seinen Futterplatz und wird gefüttert. Der bisher geschilderte Ablauf beginnt von vorne.

Ein Welpe erfordert in den ersten Wochen sehr viel Zeit. Neben dem drei- bis viermaligen Füttern am Tag braucht er mindestens genauso oft seine Lösungsmöglichkeit draußen sowie seine Spieleinheiten. Dieser Aufwand lohnt sich vor allem in Hinblick auf eine schnelle Stubenreinheit. Wer sich wirklich Mühe gibt, mit Einfühlungsvermögen und Geduld dem Welpen

entgegenkommt, dem wird es auch gelingen, ihn innerhalb kürzester Zeit zur Stubenreinheit zu erziehen. Es bedarf hoffentlich keiner näheren Erläuterungen, daß man auch dann nicht die Ruhe verlieren darf, wenn trotz allen Aufpassens das Geschäft in der Wohnung erledigt worden ist. Völlig falsch ist es, den Welpen mit der Nase in seine Exkremente zu stup-

> **TIP**
> *Wenn Sie das Verhalten Ihres Welpen genau beobachten, werden Sie sehr bald wissen, wann er beginnt unruhig zu werden, sich auf der Stelle zu drehen oder leicht rückwärts zu gehen. Dann muß er mit großer Eile wieder an seinen Löseplatz nach draußen gebracht werden.*

sen. Diese Methode ist ausgesprochen unwirksam und zeigt nur einen unverständigen und unkundigen Hundebesitzer, weil der Welpe die Bestrafung nicht mehr mit dem unerlaubten Lösen in Zusammenhang bringen kann.

Wenn Sie Ihren Welpen auf frischer Tat ertappen, also genau in dem Moment, in dem das Malheur passiert, fassen Sie ihn am Nackenfell, schütteln ihn kräftig und wiederholen mehrfach »Pfui!« Tragen Sie ihn danach an die vorgesehene Lösungsstelle hinaus. Verharren Sie dort so lange, bis der Hund sich noch einmal gelöst hat, und loben Sie ihn dafür überschwenglich. Nachdem Sie die Spuren des Malheurs in der Wohnung beseitigt haben, besprühen Sie die Stelle mit einem starken Desinfektionsmittel. Ansonsten würde der Welpe diese Stelle immer wieder an-

steuern, weil sie für ihn so gut riecht. Es ist von Hund zu Hund unterschiedlich, wie lange es dauert, bis er stubenrein ist. Außerdem ist es auch davon abhängig, wie geschickt der Besitzer seinem Hund diese Lektion vermittelt. Ein weiterer Faktor ist die Jahreszeit; im Sommer wird der Welpe eher bereit sein, sich draußen zu lösen als im Winter.

DER SCHLAFPLATZ ▶ Wenn Sie Ihren Welpen nachts in einer Gitterbox neben Ihrem Bett schlafen lassen, werden Sie mit Sicherheit eine ruhige Nacht haben. Geben Sie ihm ein altes, getragenes Kleidungsstück von sich mit in die Box. Außerdem hängen Sie eine Decke darüber, das vermittelt ihm das Gefühl von Höhle und Sicherheit. Der Welpe hört Ihren Atem, er fühlt sich nicht so allein. Sie können sofort

Beutespiele machen auch noch einer 10jährigen Dobermann-Hündin sichtlich Freude.

reagieren, wenn er unruhig wird und fiept, weil er sich lösen muß. Dann tragen Sie ihn auf dem Arm zu seinem Lösungsplatz, loben ihn nach dem Lösen überschwenglich, und zurück geht es zur weiteren Nachtruhe. Welpen verunreinigen ihren Schlafplatz nur, wenn sie keine Möglichkeit haben, sich außerhalb zu lösen.

Eine Gitterbox ist ein idealer Platz, um seinen Welpen unterzubringen, wenn er schlafen soll und/oder man ihn nicht ständig beaufsichtigen kann. Sie ist, wie ein Laufstall für Kinder, nur zur zeitweiligen Unterbringung gedacht.

FORMALITÄTEN ▶ Schließen Sie für Ihren Welpen am besten sofort eine Hundehaftpflichtversicherung ab. Außerdem ist es vorgeschrieben, ihn beim Steueramt der Stadt oder Gemeinde anzumelden.

▶ Vom Welpen zum erwachsenen Hund

Die Entwicklung vom Welpen zum ausgewachsenen Hund vollzieht sich innerhalb eines Jahres. In dieser Zeit macht der Hund verschiedene Entwicklungsphasen durch, die der Züchter und der Hundehalter kennen sollten. Die Phasen, die unter der Obhut des Züchters ablaufen, werden noch im Zuchtkapitel beschrieben.

Ungefähr zu dem Zeitpunkt, zu dem Sie Ihren Welpen nach Hause holen, beginnt für ihn eine neue wichtige Zeit, die Sozialisierungsphase. Sie erstreckt sich ungefähr von der 8. bis zur 12. Woche. Sicherlich haben Sie bei den Besuchen beim Züchter festgestellt, daß die Welpen schon kleine Kampfspiele miteinander führen.

Sie bellen sich an, knurren und beißen mit ihren spitzen Zähnchen schon kräftig zu. Sie raufen um Spielzeug oder auch um Futter. Auch mit der Mutter führen sie solche Scheingefechte. Die Mutter animiert die Welpen dazu und läßt ihnen viel Spielraum. Gehen sie jedoch zu weit, so werden sie von ihr im Nackenfell gepackt und geschüttelt. Damit ist den Welpen klar, daß ihr Tun falsch war, und sie lernen auf diese Weise, sich im Sozialverband Hundefamilie richtig zu verhalten.

Wenn wir den Welpen nun nach Hause holen, fehlen ihm seine Spielkameraden. Wir, die neuen Besitzer, müssen sie ersetzen. Dabei ist wichtig, daß die Spiele immer mit einem Erfolgserlebnis für den Welpen verbunden sein sollten. Spielen oder raufen ohne anschließendes positives Erleb-

> ### TIP
> *Während des Schlafes sollte der Hund von niemandem gestört werden. Welpen, deren Schlafphasen unterbrochen werden, reagieren darauf mit schlechter Entwicklung, vor allem in bezug auf ihr Wesen. Sie werden nervös, hektisch und unsicher.*

nis gehören auf gar keinen Fall zum Repertoire einer sinnvollen Hundeerziehung. Für alles, was der kleine Hund zu unserer Zufriedenheit tut, wird er überschwenglich mit Worten und Streicheln gelobt. Unerwünschte Verhaltensweisen werden durch drohende Worte oder im Ausnahmefall durch Schütteln des Welpen am Nackenfell geahndet. Der Welpe lernt,

Ein sehr großer Korb mit hohem Rand und einer entsprechend dicken Einlage wird gerne angenommen.

nung (5. – 6. Monat) entscheiden darüber, ob der Hund Herr im Hause wird oder ob er den ihm zugedachten Platz in der Rangordnung einnimmt. Ein Hund, der in den entscheidenden Phasen nicht lernt, sich unterzuordnen, wird einer hundeunerfahrenen Familie wenig Freude bringen. Die Ausbildung eines Dobermanns sollte deshalb in den Minimalanforderungen schon im Junghundalter beginnen. Die vielfältige Literatur zu diesem Bereich gibt hier dem Neuling eine gute Hilfestellung.

Vielerorts gibt es inzwischen Hundeschulen. Wenn sie gut geführt sind, bieten sie auch Welpenkurse für Hunde aller Rassen von drei bis sechs Monaten an. Dort kann auch Ihr Dobermann-Welpe durch regelmäßigen Kontakt mit anderen Hunden seine sozialen Fähigkeiten weiter festigen. Welpen brauchen diese Begegnungen mit gleichaltrigen Artgenossen unbedingt, um auch als erwachsene Hunde ein friedliches Miteinander Raufereien vorzuziehen. In den Welpenkursen stehen das Spielen und Toben im Vordergrund. Kleine Gehorsamsteile werden zwischen die Spielphasen eingeschoben. Näheres zur Erziehung lesen Sie ab Seite 58.

Besuchen Sie den Hundekindergarten oder die Welpenschule erst, wenn Ihr Welpe vollständig durchgeimpft ist. Lassen Sie sich von Ihrem Tierarzt oder Züchter entsprechend beraten. Auch sollten Sie zunächst eine Spielstunde ohne Hund besuchen, um festzustellen, ob Ihnen die Art der Anleitung dort zusagt.

Gut und Böse, Lob und Tadel zu unterscheiden. Er wird sein Verhalten mehr oder minder schnell danach einrichten. Wer seinen jungen Dobermann später ausbilden möchte, kann hier schon spielerisch wichtige Grundlagen mit kleinen Lernspielen legen. Später sind die gleichen Lernerfolge nur noch mit Zwang zu erreichen.

Der Welpe wächst allmählich zu einem Junghund heran, dessen Verhalten und Bewegungen immer kontrollierter werden. Seine Schlafphasen werden kürzer, er will mehr unternehmen und erleben. Er versucht immer häufiger, seinen Willen durchzusetzen. Jetzt ist der Besitzer gefordert: Er muß in seinem Verhalten konsequent sein. Der Hund lernt nur durch immer wiederkehrende Handlungen, daß auf ein bestimmtes Tun Lob folgt, auf ein anderes Tadel.

Diese Phasen der Rangordnung (13. – 16. Woche) und der Rudelord-

Gesunde Ernährung

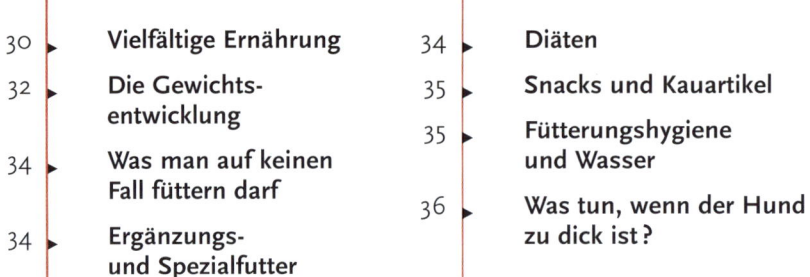

Gesunde Ernährung

Von Natur aus waren früher einmal alle Hunde geborene Jäger, d.h., sie beschafften sich ihre Nahrung selbst und fraßen sie auch so, wie sie war: roh und bestehend aus einer Mischung von hochwertigem Muskelfleisch und proteinhaltigen Innereien. Dabei deckten sie zugleich den für sie notwendigen Bedarf an pflanzlichen Nährstoffen, die mit den Verdauungsorganen der Beutetiere aufgenommen wurden.

So oft wird gefüttert

Alter des Hundes	Anzahl Mahlzeiten
bis 5 Monate	4 pro Tag
5 bis 9 Monate	3 pro Tag
ab 9 Monate	2 pro Tag

Wissenschaftliche Studien an den Vorfahren und Verwandten unserer heutigen Hausgefährten – z. B. Wolf und Wildhund – haben deren erstaunlichen Instinkt für die richtige Zusammensetzung des täglichen Speisezettels immer wieder unter Beweis gestellt. Mit der Domestizierung hat der Mensch die Rolle des Ernährers übernommen.

In unserer zivilisierten Welt ist die oben beschriebene Art der Ernährung nicht mehr möglich. Sie entspräche auch wohl kaum dem gewandelten Wesen des vom wilden Jäger zum zahmen Heimtier gewordenen Hausgenossen. Nicht vom Wandel betroffen sind aber die organischen Anlagen unserer Heimtiere. Das bedeutet in bezug auf die Ernährung: Die Verdauungsorgane sind die gleichen geblieben. Nur die Voraussetzungen, unter denen der Hund heute lebt, haben sich geändert, nicht seine Bedürfnisse. Deshalb ist eine artgemäße Ernährung so wichtig.

▶ Vielfältige Ernährung

Das Thema Hundeernährung führt unter Hundehaltern immer wieder zu Diskussionen. Die eine Gruppe vertritt vehement die Meinung, Fertigfutter zu geben, sei das Nonplusultra. Die andere Gruppe bevorzugt die Fütterung selbst zusammengestellten Futters. Keine Gruppe hat recht, keine unrecht. Es geht vielmehr darum, wieviel Zeit man als Hundebesitzer hat, über wieviel Wissen um die Zusammensetzung eines ausgewogenen Futters man verfügt. Sicherlich ist es für einen Neuling in der Hundehaltung wesentlich einfacher, Fertigfutter zu füttern.

Die renommierten Futtermittelhersteller bieten ein breitgefächertes Sortiment für jede Altersstufe des Hundes an. Qualitativ gibt es keine großen Unterschiede, die Entscheidung für die eine oder andere Marke wird sicherlich durch den Züchter beeinflußt. Als Faustregel gilt, daß ein Welpe zunächst mit dem Futter weiter ernährt werden sollte, das er schon beim Züchter erhalten hat. Das hat zwei Gründe. Die Umstellung des Welpen vom Fressen in der großen Gruppe auf Einzelfütterung wird erleichtert, außerdem zieht ein abrupter Futterwechsel bei Welpen häufig starke Durchfälle nach sich.

Besonders gut für Sie und den Welpen ist es, wenn der Züchter die Welpen an vielfältige Nahrung gewöhnt hat. Kennt ein Welpe z. B. schon Mahl-

TIP

Achten Sie beim Fertigfutter auf das aufgedruckte Mindesthaltbarkeitsdatum, weil insbesondere die Vitamine verfallen.

zeiten aus Milch oder Quark oder Joghurt mit Honig und Karottensaft sowie Vollwert- oder Bioflocken oder grünen Blättermagen mit möglichst viel Inhalt oder grünen, gekutterten Pansen mit Bioflocken vermischt oder Rinderkopffleisch gekuttert mit Knochenmehl, Getreideflocken, püriertes Gemüse oder Welpenaufzuchtfutter einer Futtermittelmarke, dann ist schon eine wesentliche Grundlage für einen guten Fresser gelegt.

Welpen, die nur mit einem Futter aufgezogen wurden, bereiten häufig bei ihrem neuen Besitzer massive Probleme im Fressen. Für welche Art der Fütterung Sie sich letztendlich ent-

Junghunde benötigen häufigere Mahlzeiten als ausgewachsene.

TIP

Vergessen Sie nie – ganz gleich, was immer Sie füttern – eine stets gefüllte Schüssel mit frischem Wasser für Ihren Hund bereitzustellen. Ein Hund kann mehrere Tage ohne Futter aushalten, ohne Wasser nur kurze Zeit.

scheiden, hängt von Ihrem persönlichen Umfeld ab. Wichtig ist, daß Sie sich bei Fertigfutter für einen Hersteller entscheiden. Achten Sie darauf, daß das gesamte Programm ohne Zusatz von Farb- und Geschmacksstoffen hergestellt wird. Es muß verschiedene Sorten für die einzelnen Lebensstadien und die spezifischen Lebenssituationen des Hundes geben:
• Welpenaufzuchtfutter,
• Futter für heranwachsende Hunde,
• Futter für ausgewachsene Hunde,
• Spezialnahrung, z. B. für alte Hunde.

Spitzenfutter gibt es nur im einschlägigen Fachhandel und nicht unbedingt im Supermarkt um die Ecke. Die Zusammensetzung des Futters aus den verschiedenen aufeinander abgestimmten Rohstoffen ist auf der Verpackung aufgeschlüsselt. Proteine, Kohlenhydrate, Fette, Vitamine und Mineralstoffe in einem ausgewogenen Verhältnis bilden das Futter, das Ihr Hund braucht, um optimal zu wachsen und gesund zu bleiben.

Wechseln Sie bei der Aufzucht zwischen Fleisch-Flocken-Mahlzeiten und Fertigfutter-Mahlzeiten ab. Einen Welpen sollte man möglichst 4mal am Tag füttern, mit ungefähr 5 Monaten allmählich auf 3mal täglich umstellen und ab ca. 9 Monaten bis zum Lebensende 2mal täglich füttern.

▶ Die Gewichtsentwicklung

Die Gewichtsentwicklung beim Dobermann verläuft in etwa so, wie in der Tabelle am Beispiel eines Rüden in der Übersicht dargestellt.

Das Geburtsgewicht beträgt ca. 400–500 g. Es verdoppelt sich dann innerhalb der ersten Lebenswoche auf ca. 1000 g. Von da an kann man als

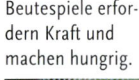

Beutespiele erfordern Kraft und machen hungrig.

Faustregel pro Lebenswoche 1 kg Körpergewicht rechnen, d.h. mit 8 Wochen – beim Wechsel zum neuen Besitzer – haben die Welpen zumeist ein Gewicht von ungefähr 8 kg. Bei komplikationsloser weiterer Entwicklung kann man als grobe Richtschnur pro Lebenswoche wieder 1 kg Gewichtszunahme rechnen. Da das Wachstum immer in Schüben abläuft, entweder in die Höhe oder in die Breite (Phasen der Streckung und der Fülle), geht die Wochenzahl nicht immer exakt mit dem Gewicht einher. Manchmal ist das Gewicht etwas mehr oder weniger.

Ab einem Alter von ca. 7 Monaten beginnt das Gewicht scheinbar zu stagnieren; es beträgt dann ca. 30 kg. Das ist in der Regel die Zeit, in der man langsam mit der hundesportlichen Ausbildung beginnt. (Achtung: Während sportlicher Aktivitäten nicht füttern, aber immer Wasser anbieten!)

Die Gewichtszunahme beträgt dann monatlich etwa 1 bis 2 kg. Mit etwa 12 Monaten hat der Hund sein Wachstum in der Höhe abgeschlossen. Rüden haben dann eine Widerristhöhe von ca. 70 cm erreicht, das Gewicht liegt bei ca. 36 kg.

Jetzt kommt die Phase, in der der Hund sich »auslegt«, wie die Hundezüchter zu sagen pflegen, d.h., sein endgültiges Exterieur beginnt sich zu entwickeln. Er nimmt an Muskelmasse und an Substanz zu. Das sind die restlichen Kilogramm bis zu seinem Endgewicht von 40 bis 45 kg. Das erste Jahr in der Aufzucht eines Dobermanns ist das entscheidende. Hier werden die Grundlagen durch eine ausgewogene Ernährung gelegt. Fehler, die in dieser Zeit gemacht wer-

Die Gewichtsentwicklung beim Rüden

Alter	Gewicht ca.
Geburt	400–500 g
1 Woche	1 kg
8 Wochen	8 kg
7 Monate	30 kg
12 Monate	36 kg
ausgewachsen	40–45 kg

den, sind nicht mehr zu reparieren. Sowohl ein Zuviel als auch ein Zuwenig bei der Futterzusammensetzung aus Unkenntnis des Besitzers kann den Hund krank machen.

Wichtig ist, daß es nicht darum geht, einen möglichst schweren Hund zu haben, sondern einen gesunden,

TIP
Wenn man mit der Ausbildung beginnt, können Belohnungsleckerchen sehr hilfreich sein. Füttern Sie sie aber nur ganz gezielt und dosiert.

gut proportionierten. Man sagt im Fachjargon, der Hund muß »trocken« gehalten werden. Um Mißverständnissen vorzubeugen: einen Hund trocken halten, bedeutet nicht, ihm nichts zu trinken zu geben, sondern sagt nur etwas über die Körperproportionen aus.

Eine aufgezogene Bauchlinie, das sichtbare Spiel der Rippen in der Bewegung und ein sichtbarer Übergang vom letzten Rippenbogen zum Bauchraum sollten die Leitlinie sein. Wenn man beim Streicheln die Rippen nicht mehr fühlen kann und der Welpe oder

Junghund in seinem Fell sitzt wie ein Würstchen in der Pelle, müssen beim Besitzer alle Alarmglocken läuten. Dann ist er auf dem besten Wege, seinen Hund durch die Aufzucht / Fütterung zu ruinieren.

Zu schwer aufgezogene Hunde tragen Schäden am gesamten Bewegungsapparat, also am Knochengerüst

▶ Was man auf keinen Fall füttern darf

- Schweinefleisch (kann die Aujeszkysche Krankheit übertragen, die absolut tödlich für den Hund verläuft)

- Geflügelröhrenknochen (sie splittern und führen daher zu Verletzungen im Schlund)

- Schokolade (enthält Theobromin, das für den Hund in größeren Mengen giftig ist)

- stark gewürzte Speisen

- Reste von menschlicher Nahrung

- Milz, Niere (beide enthalten zu viele Giftstoffe)

- Mahlzeiten aus dem Kühlschrank (zu kalt)

- zu heißes Futter

- rohes Hünereiweiß (verhindert die Aufnahme von Biotin)

und an den Muskeln, Sehnen und Bändern davon. Übergewichtige Hunde mit schlaffem Muskel- und Bänderapparat bezeichnet man als »lose«.

▶ Ergänzungs- und Spezialfutter

Bei einer Grundernährung mit Fertigfuttermitteln (Vollnahrung bzw. Alleinfutter) brauchen Sie Ihrem Dobi kein Ergänzungsfutter und keine Futterzusätze anzubieten. Alle hochwertigen Fertigfutter sind nach neuesten wissenschaftlichen Erkenntnissen zusammengesetzt. Eine Zugabe von Vitaminen oder Mineralstoffen ist nicht nur nicht nötig, sondern schädlich für den Organismus des Hundes.

Besonders anregend ist die gelegentliche Fütterung von grünem Pansen oder von Blättermagen mit Inhalt. Darin sind viele Mikroorganismen und Pflanzenteile enthalten, die sich auf die Stoffwechselvorgänge positiv auswirken. Derjenige, der Mahlzeiten selbst zubereitet, muß sich intensiv mit der Zusammensetzung des Futters auseinandersetzen. Der Markt ist voll von Ergänzungsfuttermitteln. Machen Sie sich sachkundig und beraten Sie sich mit Ihrem Tierarzt.

▶ Diäten

Es kann durchaus sein, daß Ihr Hund aus gesundheitlichen Gründen (Diabetes, Nierenerkrankung, Allergie) eine spezielle Diät bekommen muß. Entweder gibt Ihnen Ihr Tierarzt genaue Fütterungsvorschriften, oder Sie kaufen spezielle Diätfuttermittel im Zoofachhandel. Die Produktpalette umfaßt etliche spezielle Diätfutter für die einzelnen Erkrankungen.

▶ Snacks und Kauartikel

Das Sortiment an Snacks und Kauartikeln für Hunde ist riesig. Das meiste davon ist für eine gesunde und sinnvolle Hundeernährung nicht notwendig. Interessant für große Hunde wie Dobis sind Hundekuchen, Hundebisquitknochen, Ochsenziemer, Büffelhautknochen, getrocknete Sehnen und getrockneter Pansen.

Gerade während der Zeit des Zahnwechsels ist es für den Hund wichtig, etwas zum Knabbern und Nagen zu haben. Das lenkt von den Schmerzen ab. Außerdem versucht der Dobermann sich dann nicht an der Wohnungseinrichtung Erleichterung zu verschaffen.

Alle Hunde brauchen die genannten Kauartikel auch zur Kräftigung

TIP

Nach dem Füttern braucht der Dobermann absolute Ruhe, um der Gefahr einer Magendrehung vorzubeugen.

und Reinigung ihres Gebisses. Vergessen Sie aber nicht den teilweise erheblichen Kaloriengehalt, und richten Sie die anderen Futtermengen danach ein.

▶ Fütterungshygiene und Wasser

Um den Hund nicht nur gesund zu ernähren, sondern auch gesund zu erhalten, sind für das Tier einige Hygienemaßnahmen notwendig. Die Futter- und die Wasserschüssel sollten aus einem leicht zu pflegenden, unzerbrech-

Harte Hundekuchen bieten Beschäftigung und helfen bei der Gebißpflege.

Absolutes Vertrauen durch richtige Erziehung – Dobermannhündin mit zwei Monate altem Siamkätzchen

1. Feststellen, warum der Hund Übergewicht hat: mangelnde Bewegung, zuviel oder zu hochwertiges Futter?

2. Futterrationen verkleinern oder Futter mit weniger Protein- und Fettanteil füttern.

3. Futter strecken durch Weizenkleie, geschroteten Leinsamen, gekochten Reis.

4. Alle zusätzlichen Leckerchen weglassen.

5. Allmählich die Bewegung steigern, zunächst viele kurze Spaziergänge, dann die Dauer allmählich ausdehnen (das verhilft Hund und Besitzer zu neuer Fitneß).

6. Geben Sie statt einer Mahlzeit Fertigfutter Quark mit Eidotter und reifes Obst (z.B. Bananen, Äpfel), Naturjoghurt mit Honig, püriertes Gemüse mit Knochenbrühe und Reis.

lichen Material bestehen. Am besten bewährt haben sich Edelstahlschüsseln in einem höhenverstellbaren Ständer. Die Höhe wird immer der Körpergröße des Hundes angepaßt. Das hat mehrere Vorteile: Zum einen tritt der Hund nicht mit seinen Füssen ins Futter oder Wasser, zum andern kann man dadurch eventuell einer gefürchteten Magendrehung vorbeugen.

Die Schüsseln sind nach jeder Mahlzeit gründlich zu spülen, Futterreste müssen immer weggeworfen werden, da sie schnell säuern und ungenießbar werden. Das Trinkwasser ist bei jeder Mahlzeit zu erneuern. Daß die Wasserschüssel für den Dobermann Tag und Nacht gefüllt sein muß, wurde schon erwähnt.

Nach dem Fressen sollte man dem Dobermann die Schnauze mit einem feuchten Tuch abwischen. Ansonsten besteht die Gefahr von Hautunreinheiten am Unterkiefer, hervorgerufen durch Futterreste.

Richtige Pflege

Richtige Pflege

▸ **Wurmkuren und Impfungen**
Sobald der acht Wochen alte Dobermann-Welpe ins Haus kommt, beginnt für den Besitzer und das Hundebaby die tägliche Gesundheitspflege. Dazu gehört neben der ständigen Körperpflege auch in regelmäßigen Abständen der Besuch bei einem Tierarzt Ihres Vertrauens. Der Welpe wurde bei einem Züchter gekauft, der nach den Zuchtbestimmungen des Dobermann-Vereins züchtet. Das beinhaltet, daß der Welpe schon beim Züchter mehrmals entwurmt wurde. Auch hat er die Grundimmunisierung (Impfung) gegen die diversen Infektionskrankheiten erhalten.

Der Welpe muß nach den Angaben im Impfpaß zu einem genau vorgegebenen Termin erneut geimpft werden, um eine sichere Immunisierung zu gewährleisten. Eine Woche vor dem erneuten Impftermin führt man mit dem Welpen eine Wurmkur durch.

Ein frühzeitiger Besuch mit dem Welpen beim Tierarzt ist empfehlenswert, damit sich beide kennenlernen. So ist für den Hund im Krankheitsfall eine entspannte Situation geschaffen.

Am Tag der Impfung mißt man zu Hause die Körpertemperatur des Welpen. Dazu benötigt man ein Digitalthermometer und eine Creme, z. B.

Vaseline oder Ringelblumensalbe, um das Thermometer einzufetten. In einer entspannten, ruhigen Situation, wenn der Welpe voller Vertrauen auf dem Schoß liegt, führt man das eingefettete Thermometer vorsichtig in den After ein. Dabei wird beruhigend auf den Hund eingeredet.

Sobald das Thermometer den entsprechenden Signalton gibt, kann man die Temperatur ablesen. Sie sollte sich zwischen 37,5 und 38,5 °C bewegen. Ab 39 °C hat der Welpe Fieber. Dann ist von einer Impfung dringend abzuraten.

Regelmäßige Fellpflege mit einem Pflegehandschuh ist für Hund und Frauchen eine Selbstverständlichkeit.

Regelmäßiges Messen der Temperatur läßt diese Handlung für den Hund ganz normal erscheinen. So gibt es im Krankheitsfall keine Komplikationen. Außerdem muß der Welpe zum Impftermin topfit sein, d.h., er darf auch keinen Durchfall haben oder sonstige Krankheitssymptome zeigen.

Die weiteren regelmäßigen Kontrollen des Gesundheitszustandes eines Welpen bzw. Hundes betreffen die Augen, die Ohren, die Zähne und das Zahnfleisch, die Pfoten und die Krallen sowie das Fell und die Haut.

▸ Fellpflege

Das Fell und die Haut bereiten normalerweise die wenigsten Probleme. Das kurze Haar ist pflegeleicht, man braucht nur einen Gumminoppenhandschuh, evtl. zwei verschieden harte Bürsten und ein hochwertiges Fensterleder. In letzter Zeit benutzen mehr und mehr Dobermannbesitzer auch Handschuhe, die von den Reinigungsmittelherstellern zur

> **TIP**
> *Regelmäßige Körperpflege fördert den Sozialkontakt zwischen Mensch und Hund! Die Haut ist ein wichtiges Sinnesorgan. Positives Fühlen bringt positive Stimmung und Zuneigung.*

Haushaltspflege angeboten werden. Shampoo oder sonstige Waschzusätze braucht man für einen Dobermann nicht. Nach einem Spaziergang bei feuchtem Schmuddelwetter, wenn er also sehr verschmutzt ist, hilft am besten eine warme Dusche am Unterbauch und den Beinen. Ein Handtuch besorgt das Trocknen, und der Hund ist wieder top gepflegt. Will man seinem Hund hin und wieder etwas Gutes tun, wenn das Fell z.B. sehr staubig ist, kann man ihn nach dem Bürsten (übrigens immer mit dem Strich bürsten) mit Apfelessig abreiben. Dabei natürlich die Augen, die Nase und die Lefzen auslassen.

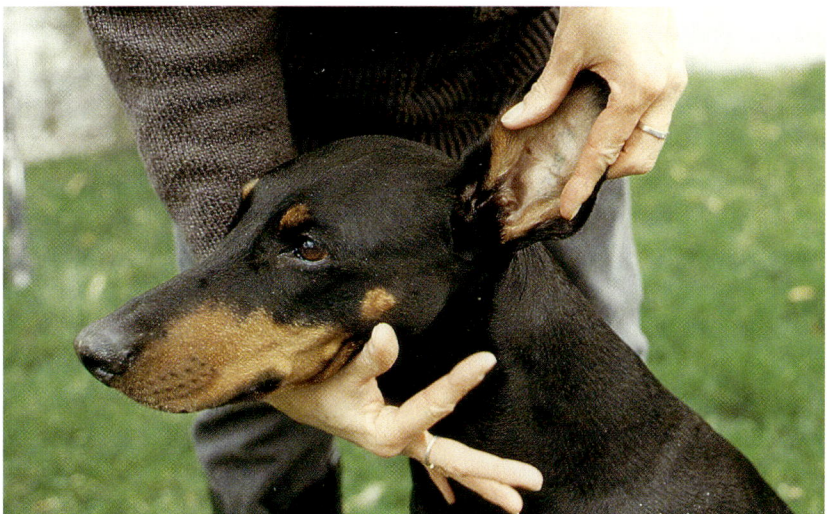

Zur Körperpflege gehört auch die regelmäßige Ohrenkontrolle.

Hin und wieder findet man im Augeninnenwinkel ein wenig Schleimabsonderung, die mit einem feuchten Papiertuch leicht zu entfernen ist.

▶ Ohrenpflege

Die Ohrenpflege war bei den kupierten Hunden völlig unproblematisch. Bei den nun aber unkupierten Ohren ist es jedoch beim Dobermann wie bei allen anderen Rassen mit Hängeohren: sie sind anfälliger gegen Infektionen. Das gesunde Ohr, ob stehend oder hängend, ist geruchsfrei, sauber und von einer blassen rosa Hautfarbe. Unangenehmer Geruch aus dem Ohr, Kratzen mit der Pfote am Ohr, Schiefhaltung des Kopfes, Ausfluß oder

übermäßige Schmalzbildung sind sichere Anzeichen für eine Erkrankung.

Die unterschiedlichen Erkrankungen im Ohr können durch eingedrungene Fremdkörper (z. B. Getreidegrannen) entstehen, durch Milben, durch bakterielle Erreger, durch Erkältung oder Verschmutzung mit Staub, Sand, Erde, Wasser usw.

Mit verdünnter Calendula-Tinktur (Ringelblume) lassen sich die Ohren einmal wöchentlich problemlos sauberhalten. Dazu gibt man die verdünnte Tinktur mittels einer Pipette in beide Ohren ein. Am besten führt man die Behandlung draußen oder vor einem Spaziergang durch, da der Hund durch kräftiges Kopfschütteln Flüssigkeit und Schmutz nach draußen befördert.

In der Regel ist es am sinnvollsten, bei Ohrerkrankungen umgehend tierärztliche Hilfe in Anspruch zu nehmen, da sich Ohrerkrankungen häufig lange hinziehen, wenn nicht das richtige Mittel gewählt wird. Der Hund leidet unter den schmerzhaften Abläufen und ist auch in seiner Psyche beeinträchtigt, da das Ohr ein ganz wesentliches Sinnesorgan für den Hund ist.

▶ Augenpflege

Erkrankungen der Augen können nur vom Tierarzt eindeutig diagnostiziert und sachgemäß behandelt werden. Die Augen des Dobermanns bedürfen im Normalfall keiner Pflege. Hin und wieder bilden sich Schleimpfropfen im inneren Augenwinkel, die man mit einem angefeuchteten Papiertuch entfernen sollte. Genau wie bei anderen Hunderassen auch, kann natürlich eine Bindehautentzündung auftreten.

▶ TIP

Es ist sinnvoll, den Hund vom Welpenalter an an eine regelmäßige Zahnkontrolle zu gewöhnen. So entwickelt sich dieser Vorgang zu etwas Selbstverständlichem, und im Erwachsenenalter treten z. B. bei der Zahnkontrolle auf Ausstellungen oder beim Tierarzt keine Schwierigkeiten auf.

Diese wird hervorgerufen durch Luftzug bei geöffnetem Autofenster, durch Pollen, Sand usw. Zu erkennen ist eine Bindehautentzündung an Tränenfluß und Blinzeln wegen der erhöhten Lichtempfindlichkeit. Gut bewährt hat sich Euphrasia-Augensalbe. Sie wird in das Auge eingebracht, indem man das untere Lid nach unten zieht und einen Salbenstrang aufträgt. Häufig ist dazu die Mithilfe einer zweiten Person nötig.

Da Augenerkrankungen auch erste Anzeichen innerer Erkrankungen sein können, wie Leber- und Nierenerkrankungen, Staupe, HCC und Leptospirose, ist ein Tierarztbesuch unbedingt angeraten.

▶ Zähne und Zahnfleisch

Einen weiteren Abschnitt in der Hundepflege bzw. bei der Gesunderhaltung nimmt der Bereich Zähne und Zahnfleisch ein. Welpen kommen zahnlos auf die Welt. Im Alter von 17 Tagen bis ca. 6 Wochen brechen die Milchzähne nach und nach durch. Sie sind spitz und scharf. Der Wechsel von den Milchzähnen zum bleibenden Gebiß beginnt in der Regel beim Dobermann im Alter von 3 ½ bis 4 Monaten. Zuerst werden die Schneidezähne gewechselt. Junghunde brauchen in der Zeit des Zahnwechsels viele Möglichkeiten zum Kauen, seien es Kauknochen aus Büffelhaut, Ochsenziemer, harte Hundekuchen, Kaustreifen o. ä. Der Zahnwechsel wird fortgesetzt mit den vorderen Backenzähnen und endet mit den Eckzähnen. In der Regel ist er mit 6 Monaten abgeschlossen. Während des Zahnwechsels wollen manche Hunde nicht besonders gut fressen, der Kiefer ist geschwollen, teilweise haben sie Fieber oder Durchfall. Mitunter bleibt ein Milchzahn zu lange stehen. Dann kann es zu einer Anomalie in der Zahnstellung kom-

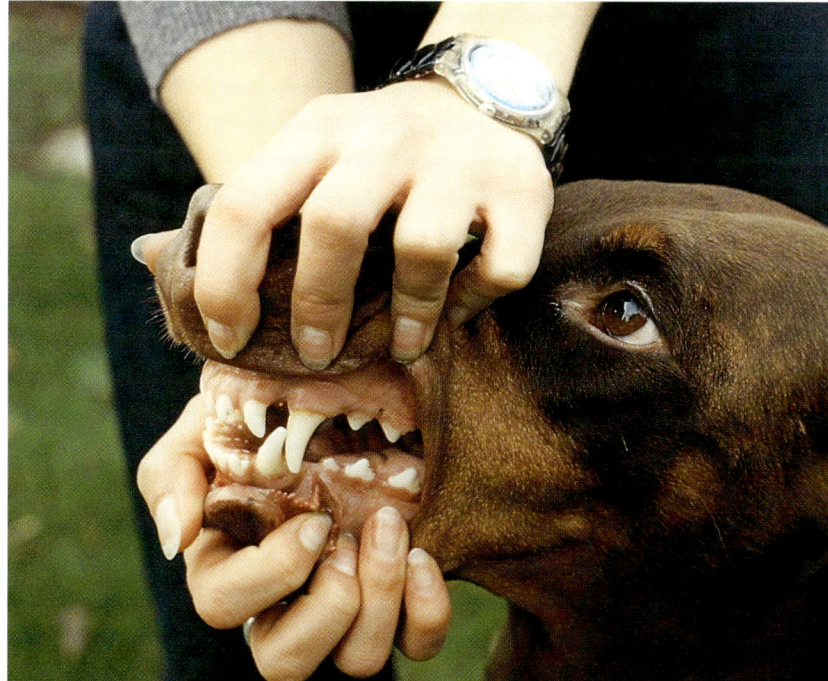

Gebißkontrolle und Zähnezeigen – eine notwendige Übung vom Welpenalter an.

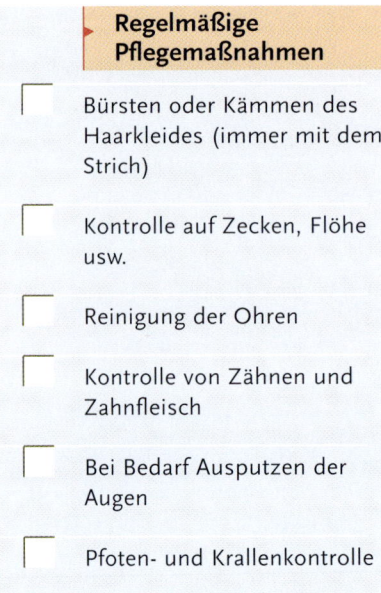

Regelmäßige Pflegemaßnahmen

- [ ] Bürsten oder Kämmen des Haarkleides (immer mit dem Strich)

- [ ] Kontrolle auf Zecken, Flöhe usw.

- [ ] Reinigung der Ohren

- [ ] Kontrolle von Zähnen und Zahnfleisch

- [ ] Bei Bedarf Ausputzen der Augen

- [ ] Pfoten- und Krallenkontrolle

men, wenn der Milchzahn nicht rechtzeitig vom Tierarzt gezogen wird. Sollte irgendeine Unregelmäßigkeit auffallen, ist eine Rücksprache mit dem Tierarzt oder dem Züchter anzuraten.

Erwachsene Hunde leiden teilweise unter Zahnstein. Dem läßt sich vorbeugen durch regelmäßiges Zähneputzen mit lauwarmem Wasser oder aber durch entsprechendes Zufüttern von Kauknochen einmal wöchentlich (siehe oben, Zahnwechsel beim Junghund).

Hundebesitzer sollten darauf achten, daß ihr Hund nie mit Steinen spielt oder diese trägt. Man sieht immer wieder die Unsitte, dem Hund statt eines Balles oder Apportiergegenstandes einen Stein zum Spielen zu werfen. Das Beißen von Steinen führt unweigerlich zu Zahndefekten, die nicht nur schmerzhaft sein können, sondern auch die Zuchtzulassung eines Hundes verhindern.

Geruch aus dem Maul deutet immer auf eine Erkrankung der Zähne bzw. des Zahnfleischs hin. Außerdem kann er Hinweis auf eine beginnende ernsthafte Nierenerkrankung sein.

Krallen und Pfoten

Dobermänner laufen sich ihre Krallen in der Regel selbst ab. Ein Schneiden oder Kürzen ist nicht nötig. Sollten trotzdem Probleme auftreten, so sollte man einen Tierarzt aufsuchen.

Nach Spaziergängen empfiehlt es sich, die Pfoten des Hundes, d.h. die Ballen, die Ballenzwischenräume und auch die Krallen, auf Verletzungen oder eingetretene Fremdkörper bzw. anhaftendes Kaugummi zu untersuchen. Fremdkörper sind vorsichtig zu entfernen, Verletzungen evtl. zu behandeln.

Streusalz zerbeißt Hundepfoten. Deshalb nach einem Spaziergang auf abgestreuten Eisflächen die Pfoten mit lauwarmem Wasser abwaschen, abtrocknen und mit Vaseline einfetten.

Genitalien

Zu den allgemeinen Pflegemaßnahmen gehört sicherlich auch die Kontrolle der Geschlechtsteile bei Rüde und Hündin auf Ausfluß. Die Tierärzte halten Präparate für diese Erkrankungen bereit.

Rundum gesund

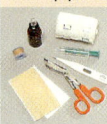

Rundum gesund

▶ Vorsorge

Hundebesitzer zu sein heißt nicht nur, die erfreulichen Ereignisse und Erlebnisse mit dem Hund zu teilen, sondern auch, Verantwortung zu tragen und Fürsorgepflichten zu erfüllen gegenüber dem abhängigen Lebewesen Hund. Jeder Hund ist darauf angewiesen, daß wir Menschen ihn artgerecht halten, d.h. seinen Bedürfnissen entsprechend unterbringen sowie ihn regelmäßig zum Lösen ausführen, um ihm die nötige Bewegung zu verschaffen und vor allem um auch soziale Kontakte zu Artgenossen zu ermöglichen. Ernährung und Pflege sind weitere Komponenten für die Gesunderhaltung des Tieres.

Denn die intakte Gesundheit des Hundes ist zum einen für das Tier selbst von besonderer Wichtigkeit, zum anderen dient sie auch der Gesundheitserhaltung seines Besitzers. Sowohl im Umgang mit Erwachsenen als auch vor allem in Familien mit

▶ TIP

Zum Tierarzt sollte die Bezugsperson den Hund begleiten. Nur sie kann dem Arzt verläßliche Auskunft über den Hund geben.

kleinen Kindern muß gesichert sein, daß der Hund frei ist von Krankheitserregern jeglicher Art, damit für die Menschen keine Gefahr der Krankheitsübertragung entsteht.

Krankheitserreger können übertragen werden durch Ektoparasiten wie Flöhe, Zecken, Milben, Läuse und Haarlinge sowie durch Endoparasiten wie Bandwürmer, Spulwürmer, Peitschenwürmer und Hakenwürmer.

Außerdem kann der Hund von Infektionskrankheiten wie Staupe, Hepatitis contagiosa canis, Leptospirose, Parvovirose, Parainfluenza und Tollwut befallen werden. Gegen alle diese Krankheiten gibt es Impfungen, die helfen, das Tier zu schützen. Außerdem helfen gegen Endo- und Ektoparasiten auch sehr wirksam naturheilkundliche Präparate.

▶ Infektionskrankheiten

Wichtiger Bestandteil der Pflegemaßnahmen sind die regelmäßigen vorbeugenden Impfungen gegen die lebensgefährlichen Infektionskrankheiten. Seit vielen Jahren gibt es zuverlässige Impfstoffe. Sie werden als die wirksamsten Mittel überhaupt angesehen. Denn leider gibt es bisher keine

Arzneimittel, die Virusinfektionen heilen können. Im Krankheitsfall hat ein Tierarzt lediglich die Möglichkeit, den Verlauf der Erkrankung abzumildern.

Die gefährlichsten Erkrankungen für Hunde sind Staupe, ansteckende Leberentzündung, Leptospirose, Parvovirose, Virushusten und Tollwut. Schutzimpfungen dagegen sind für jeden Hund unerläßlich.

STAUPE ▶ Der Verursacher der Staupe (S) ist ein Virus. Häufig erfolgt die Ansteckung durch einen direkten Kontakt von Hund zu Hund. Möglich ist auch das Einschleppen auf indirektem Wege durch Kleidung oder Schuhwerk. Auf Spaziergängen in der Natur können sich Hunde infizieren, da auch Frettchen und Marder zu den Krankheitsüberträgern gehören. Von infizierten Tieren wird das Virus durch alle Sekrete und Exkremente ausgeschieden. Als gesichert gilt, daß junge Tiere empfindlicher für eine Infektion sind als ältere.

In der Regel beginnt die Erkrankung mit hohem Fieber, Augen- und Nasenausfluß sowie Nahrungsverweigerung. Man unterscheidet verschiedene Verlaufsformen der Staupe: Darmstaupe, Lungenstaupe, Nervenstaupe. Häufig verlaufen Staupeerkrankungen tödlich. Tiere, welche eine Staupeinfektion überleben, behalten zumeist lebenslange Schäden zurück wie Zahnschmelzdefekte, spröde, rissige Pfoten und teilweise Verhaltensstörungen.

HEPATITIS CONTAGIOSA CANIS ▶ Auch bei der ansteckenden Leberentzündung (HCC), die viele Jungtiere nicht überleben, erfolgt die Übertra-

Täglicher Gesundheits-Check

Der Hund freut sich deutlich erkennbar und ist an seiner Umwelt interessiert.

Der Kotabsatz gelingt ohne Komplikationen. Der Kot ist geformt, nicht hart, kein Durchfall.

Die Hündin uriniert lang anhaltend.

Der Rüde uriniert in einem kräftigen Strahl.

Der Hund bewegt sich frei ohne Einschränkungen (humpeln, unrhythmischer Gang, aufgezogener Rücken).

Der Hund frißt sein Futter zügig auf.

Der Hund trinkt normale Mengen.

Ernstliche Krankheitssymptome

Der Hund freut sich nicht, wenn er ausgeführt wird; er liegt zusammengekauert auf seinem Platz.

Seine Belastbarkeit ist ohne äußeren Anlaß deutlich verringert.

Futterverweigerung oder Futtererbrechen

vermehrter Durst

gerötete/verklebte Augen

heiße, trockene Nase, Temperatur ab 39 °C

Probleme beim Koten oder Urinieren

unerklärliche Verhaltensänderungen (zum Beispiel Winseln, Stöhnen, aggressives Verhalten) gung durch direkten Kontakt von Tier zu Tier oder auf dem indirekten Wege durch infiziertes Wasser, Futter oder Gegenstände, z.B. gemeinsam benutztes Spielzeug. Zunächst sind die Krankheitssymptome ähnlich denen der Staupe. Hohe Körpertemperatur (40 – 41 °C) sowie Brechdurchfälle setzen dem Hund zu. Außerdem leiden die erkrankten Hunde unter Schmerzen im Vorderbauchbereich (Lebergegend), unter Mandelentzündung und Kreislaufproblemen. Hunde, die diese Krankheit durchstehen und überleben, behalten oft Eintrübungen der Augenhornhaut zurück, die bis zur Erblindung führen können. Außerdem leiden sie oftmals unter einer chronischen Hepatitis. Durch rechtzeitige und regelmäßige Schutzimpfungen tritt die HCC nur noch selten auf.

LEPTOSPIROSE ▶ Leptospirose (L) ist eine Krankheit, die durch Bakterien hervorgerufen wird. Sie ist auch unter dem Namen »Stuttgarter Hundeseuche« oder »Weil'sche Krankheit« bekannt. Nach einer Hundeausstellung in Stuttgart im Jahre 1898 erkrankte eine große Anzahl von Hunden an dieser bis dahin noch unbekannten Krankheit. Viele Hunde erlagen dieser Seuche. Inzwischen weiß man, daß Hunde sich über die Schleimhäute beim Trinken von infiziertem Wasser anstecken, die Erreger werden durch den Harn des Hundes ausgeschieden. Rüden erkranken wesentlich häufiger als Hündinnen, da sie besonders gerne dort herumschnüffeln, wo andere Hunde uriniert haben.

Die Erkrankung zeigt in ihrem Verlauf Erscheinungen wie allgemeine Schwäche, Appetitlosigkeit, teilweise Fieber, Erbrechen und Durchfall, wobei häufig Nierenentzündungen als erste Anzeichen auftreten. Wichtig zu wissen ist, daß auch Menschen an Leptospirose erkranken können. Dank der modernen Impfmöglichkeit tritt die Leptospirose heutzutage jedoch kaum noch auf.

▶ Impftabelle

Alter	Impfung
Welpengrundimmunisierung	
7. Lebenswoche	Parvovirose mit Lebendimpfstoff
8. Lebenswoche	SHL (Staupe, Hepatitis, Leptospirose) und Virushusten (Zwingerhusten)
12. Lebenswoche	SHL, Virushusten
14. Lebenswoche	Parvovirose mit Lebendimpfstoff, Tollwutimpfung
Erwachsene Hunde	
1x jährlich	SHL, Parvovirose, Virushusten (Zwingerhusten) und Tollwut

VIRUSHUSTEN ▶ Hervorgerufen wird der Virushusten (häufig auch als Zwingerhusten, Kennel Cough, bezeichnet) durch das Zusammentreffen mehrerer ungünstiger Faktoren. Virushusten ist eine infektiöse Erkrankung der Atemwege. Sie tritt meist auf, wenn viele Hunde unter besonderen Streßsituationen aufeinandertreffen, z. B. bei Hundeausstellungen, in Hundeschulen, bei Leistungsüberprüfungen, in Tierheimen, in veterinärmedizinischen Kliniken.

Die Erreger sind primär unterschiedliche Virusarten, z. B. das Parainfluenzavirus, hinzu kommen Bakterien. Sie werden über Inhalieren (Einatmen) aufgenommen und durch Husten weiterverbreitet. Lauter, trockener, zum Teil rasselnder Husten ist das charakteristische Symptom. Erkrankte Tiere dürfen nicht belastet werden und sollten sich möglichst nicht in kalter, zugiger Umgebung aufhalten. Virushusten endet selten tödlich, die tierärztliche Behandlung dieser Erkrankung kann sich aber über mehrere Wochen hinziehen.

PARVOVIROSE ▶ Extrem gefährlich für Welpen und heranwachsende Hunde ist die Parvovirose. Sie trat zu Beginn der 8oer Jahre plötzlich auf und vernichtete ganze Würfe. Zunächst wurde die Parvovirose (P) fälschlicherweise als »Katzenseuche der Hunde« bekannt, wobei weder eine Ansteckung von Hund auf Katze noch umgekehrt erfolgen kann. Die in der Regel tödlich verlaufende Parvovirose des Magen-Darm-Traktes ist gekennzeichnet von blutigem Durchfall und Erbrechen. Da die Tiere nicht fressen, magern sie schnell ab, verlieren viel Flüssigkeit und sterben. Das Virus, das die Parvovirose auslöst, ist sehr widerstandsfähig. Es wird über die Mundschleimhaut aufgenommen und über den Kot ausgeschieden. Auch Menschen und leblose Gegenstände können Überträger sein. Wichtigste therapeutische Maßnahme bei festgestellter Erkrankung ist intensiver Flüssigkeits- und Elektrolytersatz.

Eine weitere Form der Parvovirose geht mit Herzmuskelentzündung einher. Beide Formen sind lebensbedrohlich, es ist unbedingt erforderlich, umgehend einen Tierarzt aufzusuchen, um den Hund vor dem sicheren Tod zu bewahren.

TOLLWUT ▶ Für alle Säugetiere, ebenso wie für den Menschen, ist die Tollwut (T) lebensgefährlich. Besonders in den Ländern der dritten Welt sterben immer noch Menschen an dieser Krankheit. Tollwut gehört bei uns zu den anzeigepflichtigen Seuchen und unterliegt einer strengen Kontrolle des Staates, da sie eine enorme Gefahr für Mensch und Tier darstellt.

Auf unsere Haustiere wird das Tollwutvirus fast ausschließlich durch den Biß infizierter Füchse übertragen. Zwischen der Ansteckung und dem Ausbruch der Krankheit liegt ein Zeitraum von 14 bis 60 Tagen oder länger. Da das zentrale Nervensystem durch das Virus angegriffen wird, kommt es bei Ausbruch der Tollwut zu Aggressivität, Unruhe und Wesensveränderungen. Neben Gleichgewichtsstörungen treten Krämpfe und Lähmungen auf, die in der Regel nach maximal sieben Tagen zum Tode führen. Für tollwuterkrankte Tiere gibt es keine Therapie.

Außerdem sind Behandlungsver-

> ### Im Bild: Ektoparasiten des Hundes

a Hundefloh (2–3,5 mm)
b Zeckenmännchen
c Zeckenweibchen
d Haarbalgmilbe (0,3 mm)
e Herbstgrasmilbe
   (0,2–0,5 mm)
f Grabmilbe (0,4 mm)

suche an tollwutverdächtigen beziehungsweise tollwuterkrankten Tieren verboten.

Kommt ein ungeimpfter Hund mit einem tollwutverdächtigen oder tollwuterkrankten Tier in Kontakt, kann seine sofortige Tötung angeordnet werden. Nur nachweislich gegen Tollwut schutzgeimpfte Tiere sind von dieser Verordnung ausgenommen. Grundsätzlich ist bei allen Auslandsreisen vorgeschrieben, daß ein Hund nur mit nachweislich gültiger Tollwutimpfung mitgeführt werden darf. Das gleiche gilt für Hundeausstellungen und Hundesportveranstaltungen jeglicher Art. Es ist darauf zu achten, daß der Impftermin mindestens vier Wochen, aber nicht länger als ein Jahr zurückliegen muß.

> ### Parasiten

LÄUSE ▸ Zu den Parasiten, die von Hund zu Hund oder durch Zwischenwirte übertragen werden, gehören die Läuse. Sie treten zu jeder Jahreszeit auf, besonders häufig jedoch im Sommer und im Herbst. Eine geschlechtsreife Laus ist in der Lage, in ihrem zweimonatigen Leben ca. 500 Eier abzulegen. Diese Eier oder Nissen kleben sich an den Haaren fest. Nach ca. acht bis zehn Tagen schlüpfen die Larven aus. Die Stiche verursachen starken Juckreiz, dem der Hund durch Kratzen entgegenzuwirken versucht. An den Stichstellen bilden sich Hautrötungen. Bei längerem Befall entstehen durch das Kratzen Haarausfälle und Ekzeme. In ganz extremen Fällen können Abmagerung und Blutarmut als Folge von Verlausung auftreten. Stark verlauste Hunde deuten auf mangelnde Pflege und Fürsorge durch den Besitzer hin. Zur Entfernung dieser Parasiten eignen sich entsprechende Puder, Sprays oder Waschlösungen (Zoofachhandel, Tierarzt).

HAARLINGE ▸ Die Haarlinge zeigen ein ähnliches Verhalten wie die Läuse. Auch ihre Eier kleben an den Hundehaaren fest. Der Haarling selbst lebt jedoch von Hautschuppen, nicht vom Blut wie die Laus. Die Belästigung für den Hund ist jedoch ebenfalls durch Juckreiz gekennzeichnet.

FLÖHE ▸ Ein weiterer Parasit, der dem Hund zu schaffen macht, ist der Floh, ein exzellenter Springer, der spielend Distanzen von 1,50 m überwindet, das ist das 300fache seiner Körpergröße. Bei Begegnungen von Hunden springen die Flöhe so vom einen zum anderen.

Genau wie Läuse und Haarlinge halten sie sich mit Vorliebe im Halsbereich, an den Innenflächen der Hin-

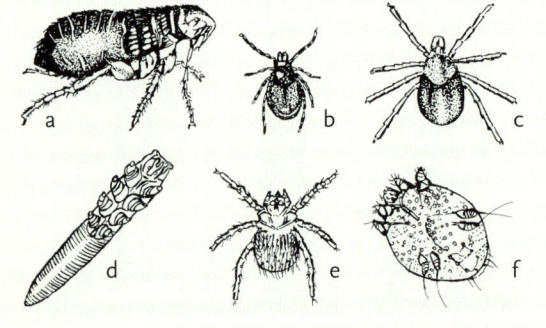

terschenkel und um den Schwanzansatz herum auf. Sie stechen in die Haut, um Blut zu saugen. Da der Hund ständig versucht, dem Juckreiz durch Kratzen entgegenzuwirken, entwickeln sich daraus Entzündungen und Ekzeme. Der Floh ist Zwischenwirt für den Bandwurm, deshalb hat Flohbefall häufig auch Bandwurmbefall zur Folge.

Die Flöhe legen ihre Eier zwar im Hundefell ab, diese fallen jedoch auch auf den Fußboden und das Lager des Hundes. Ein Kreislauf ohne Ende beginnt, wenn man nicht radikal dagegen angeht. Man muß nicht nur den Hund, sondern auch alle Liegestätten, die Fußböden und die Zwingeranlage gründlich mit Spezialmitteln behandeln. Beim Tierarzt oder im Zoofachhandel erhält man insektizide Mittel wie Puder, Seifen, Sprühmittel und vorbereitete Lösungen. Ein spezieller Flohkamm, mit dem der Dobermann regelmäßig durchgekämmt wird, befördert eventuell vorhandene Parasiten zu Tage.

Zur Vorbeugung bzw. zur Behandlung eines Flohbefalls gibt es auch moderne Wirkstoffe, die den Vorteil bieten, daß sie, einmal aufgetragen, eine Depotwirkung für einen bestimmten Zeitraum bilden. Auch die altbewährten Flohschutzhalsbänder sind eine zuverlässige und wirksame Hilfe.

ZECKEN ▶ Zecken gehören zu den gefährlichen Ektoparasiten, die sowohl Menschen als auch Hunde befallen. In Mitteleuropa sind vor allem die braune Hundezecke und der Holzbock zu den Krankheitsüberträgern zu zählen. Sie sitzen an Bäumen, Sträuchern und Gräsern. Sobald ein Hund oder Mensch in ihre Reichweite kommt, lassen sie sich fallen und bohren sich in die Haut ihres Wirtes ein. Dort beginnen sie sofort, Blut zu saugen. Innerhalb weniger Stunden kann ihr stecknadelkopfgroßer Körper auf ca. 1 cm Durchmesser anschwellen. Zecken übertragen Lyme-Borreliose ebenso wie die Hirnhautentzündung FSME sowie einzellige Parasiten, die das Allgemeinbefinden stark beeinträchtigen. Schutz gibt es zum einen durch Floh- und Zeckenhalsbänder, die auf chemischem Wege den Befall eindämmen.

Hundehaltern, die lieber versuchen, auf natürliche Art und Weise vorzubeugen, sei Knoblauch empfohlen. Tägliche Gaben von rohem Knoblauch unters Futter führen zu einer Veränderung des Hautmilieus des Hundes, da der Buttersäuregeruch der Hundehaut von der Knoblauchausdünstung überdeckt wird, was auf die Zecke abstoßend wirkt. Anstelle von frischem Knoblauch kann man auch Knoblauchtabletten füttern.

Wenn der Hundebesitzer trotzdem eine Zecke im Fell seines Hundes findet, so kann er diese mit einer speziel-

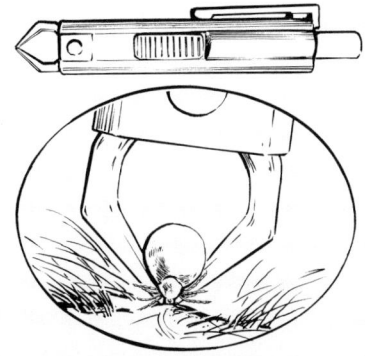

Die geöffnete Zeckenzange wird über den Körper und den Kopf der Zecke bis auf die Hundehaut geführt. Danach wird die Zange geschlossen und die gesamte Zecke mitsamt den Beißwerkzeugen durch Drehen entfernt.

len Zeckenzange (Tierarzt, Zoofachhandel) problemlos durch Drehen entfernen. Es ist unbedingt sicherzustellen, daß der Kopf der Zecke mit entfernt wird. Auf keinen Fall darf man die Zecke mit irgendwelchen Mitteln beträufeln oder sie herausreißen. Beides kann zu schweren Entzündungen an der Bisstelle führen.

Immer wieder gut bewährt haben sich homöopathische Mittel bei der Behandlung von Zeckenbissen, nachdem die Zecke entfernt worden ist.

HERBSTGRASMILBEN ▶ Wie schon der Name sagt, treten diese Milben hauptsächlich im Spätsommer bzw. Herbst auf. Zunächst befallen sie die Zehenzwischenräume und rufen dort starken Juckreiz hervor. Der Hund leckt und beißt dauernd an seinen Pfoten, wodurch schnell zusätzliche Hauterkrankungen auftreten. Mit dem bloßen Auge sind Milbenanhäufungen als rötlichgelbe Pünktchen zu erkennen. Nach den Pfoten breiten die Herbstgrasmilben sich über die Schenkelinnenflächen auf den Unterbauch und die Geschlechtsteile aus. In der Regel läßt sich eine eindeutige Diagnose nur durch den Tierarzt stellen. Der Befall kann nur durch sorgfältige Behandlung mit chemischen Emulsionen und unterstützend mit einem Vitaminpräparat bekämpft werden.

DARMPARASITEN ▶ Zu den Endoparasiten gehören Würmer und Kokzidien (einzellige Darmparasiten). Sie verursachen einen nicht zu vernachlässigenden gefährlichen Parasitenbefall beim Hund. Bei den Würmern unterscheidet man Spulwürmer, Hakenwürmer, Peitschenwürmer und Bandwürmer. Die Ansteckung mit Würmern geschieht auf mehreren Wegen.

Bandwürmer, von denen es verschiedene Arten gibt, leben im Dünndarm. Sie werden durch Zwischenwirte, in denen sie sich entwickeln, vom Hund aufgenommen (Flöhe, selten Haarlinge).

Spulwürmer gehören zu den Rundwürmern, sie sind die häufigsten Darmparasiten des Hundes. Die Eier der Spulwürmer gelangen mit dem Kot ins Freie, wo sie infektionsfähige Larven ausbilden. Erneut in einen Hundedarm gelangen diese Spulwurmlarven, wenn andere Hunde sie auflecken. Anzeichen für Spulwurmbefall sind struppiges und glanzloses Fell, Durchfall, sogar Erbrechen von Spulwürmern. Ein praller, ge-

Die Stufen der HD		
Stufe	**Erklärung**	**Zucht erlaubt?**
HD 1	HD-frei	ja
HD 2	Grenzfall	ja
HD 3	leichte HD	nein
HD 4	mittlere HD	nein
HD 5	schwere HD	nein

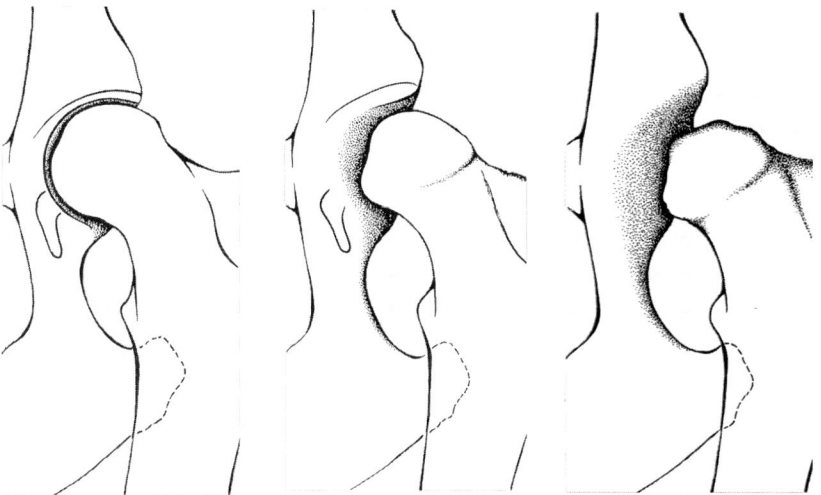

Hüftgelenks-
dysplasie
a Normales Hüft-
  gelenk eines HD-
  freien Hundes
b Leichte bis mitt-
  lere HD: deutlich
  sichtbare Verän-
  derungen an
  Gelenkpfanne
  und Oberschen-
  kelkopf
c Schwere HD:
  die stark abge-
  flachte Gelenk-
  pfanne und der
  stark veränderte
  Gelenkkopf rufen
  schmerzhafte
  Verrenkungen
  (Luxationen)
  hervor.

spannter Bauch ist häufig ein erstes Anzeichen für Spulwürmer.

Hakenwürmer leben als Blutsauger im Dünndarm, während die Peitschenwürmer aus dem Dickdarm Blut saugen.

Kokzidien sind keine Würmer, sondern einzellige Lebewesen.

Hakenwurm-, Peitschenwurm- oder Kokzidienbefall ruft vor allem bei Welpen und jungen Hunden Durchfälle hervor, die häufig auch blutig sind. Weiterhin sind Abmagerung, Mattigkeit sowie sogar Bronchitis und/oder Lungenentzündung festzustellen. Normalerweise sieht der Hundebesitzer seinem Tier zunächst einen Befall nicht an. Lediglich anhand der Folgeerkrankungen läßt sich eine Verwurmung vermuten bzw. durch den Tierarzt feststellen.

Es kann also nur eindringlich geraten werden, den Welpen, Junghund und erwachsenen Hund regelmäßig zu entwurmen. Sprechen Sie mit Ihrem Tierarzt und lassen Sie sich umfassend von ihm beraten. Es gibt von verschiedenen pharmazeutischen Herstellern hochwirksame Präparate, um seinen Hund, gleich welchen Alters, von Würmern zu befreien. Da auch für Menschen ein Ansteckungsrisiko mit Spulwurmeiern und Bandwurmfinnen besteht, sind regelmäßige Wurmkuren sowohl für die Gesundheit des Hundes als auch für die eigene zwingend erforderlich.

▶ Hüftgelenksdysplasie

Die Hüftgelenksdysplasie (HD) ist eine genetisch bedingte Erkrankung, die bei allen Hunderassen auftreten kann. Besonders prädestiniert sind die großen, schnellwüchsigen Rassen. Das Hüftgelenk des Hundes besteht aus dem Gelenkkopf des Oberschenkels und der Hüftgelenkpfanne; es stellt ein Kugelgelenk dar. Der Oberschenkelkopf wird normalerweise von der Hüftgelenkpfanne zu zirka 2/3 umschlossen. Er kann darin rotieren. Zusammengehalten wird dieses Gelenk

Hausapotheke

☐ Digitalfieberthermometer (die Körpertemperatur des Hundes liegt normalerweise zwischen 37,5 und 38,5 °C, ab 39 °C sollte man einen Tierarzt zu Rate ziehen)

☐ Zeckenzange (Spezialpinzette zum komplikationslosen Entfernen von Zecken)

☐ Splitterpinzette (zum Entfernen von eingetretenen Dornen u. ä.)

☐ Verbandsschere

☐ Verbandsmaterial aus der Hausapotheke

☐ Calendulatinktur zum Aufträufeln auf Wunden, z. B. nach Zeckenentfernung

☐ Vaseline (zum Einfetten des Thermometers, von Liegeschwielen, der Fußballen im Winter nach dem Ausführen)

☐ Johanniskrautöl (bei Hautreizungen und -verletzungen, zur Unterstützung der Heilung nach vorheriger Wundbehandlung)

von der umgebenden Oberschenkelmuskulatur und dem sehnenartigen kurzen Band, das eine Verbindung zwischen Gelenkkopf und Gelenkpfanne darstellt. Die Hüftgelenksdysplasie ist eine Störung des Knochenaufbaus, die zur Folge hat, daß die Gelenkpfanne oder der Gelenkkopf des Oberschenkels deformiert sind. Daraus ergeben sich für den Hund Probleme bei der Benutzung seiner hinteren Gliedmaßen.

HD kann ein- oder beidseitig auftreten. Auch das Ausmaß, in dem sie den Hund belastet, ist unterschiedlich. Mit durchschnittlich einem Jahr ist das Knochenwachstum des Dobermanns abgeschlossen. Dann läßt sich anhand einer Röntgenuntersuchung feststellen, ob und in welchem Grad eine HD-Erkrankung vorliegt. Nach den Forschungsergebnissen ist man sich sicher, daß bei der HD die erbliche Veranlagung eine entscheidende Rolle spielt. Die Ernährung kann das Problem ver- oder entschärfen.

Wichtig ist die richtige Fütterung einer Fertignahrung, die ausgewogen ist in der Zusammensetzung von Eiweiß, Fett, Kohlehydraten, Vitaminen und Mineralstoffen. Zusatzgaben von Mineralstoffen sind zu vermeiden. Es gilt als gesichert, daß eine Unausgewogenheit des Futters zu Wachstumsstörungen führt. Gelenk- und Knochenveränderungen im gesamten Skelettaufbau sind die irreparable Folge. Hinzu kommt falsche körperliche Belastung in der Wachstumsphase, d. h. im ersten Lebensjahr.

Der Gebrauchswert von HD-erkrankten Hunden ist stark eingeschränkt. Es gibt inzwischen jedoch verschiedene aufwendige Operationstechniken, die von den veterinärmedizinischen Universitätskliniken angewandt werden, um den Hunden ein relativ schmerzfreies Laufen bei HD-Erkrankung zu ermöglichen.

Glücklicherweise tritt eine schwere HD-Erkrankung bei Dobermännern nur sehr selten auf. Durch selektierende Maßnahmen versucht der DV, die Ausbreitung dieser Erbkrankheit zu verhindern, indem er eine HD-Untersuchung aller zur Zucht geeigneten Hunde vor ihrer Zuchtverwendung verlangt. Röntgenaufnahmen für HD dürfen nur von einem Tierarzt gemacht werden, der die entsprechende Genehmigung des DV besitzt. Dieser Tierarzt ist verpflichtet, die Röntgenaufnahme an die vom DV bestimmte zentrale Auswertungsstelle zu senden. Von dort bekommt der Dobermannbesitzer das Auswertungsergebnis mitgeteilt. Die Auswertungsergebnisse des Röntgenbildes werden in eine fünfstufige Bewertungsskala eingeordnet (s. S. 50).

Nur Hunde mit dem Befund HD 1 und HD 2 können zur Zucht zugelassen werden. Dadurch versucht man, nach und nach die Krankheit auszumerzen. Aber selbst Hunde, die als HD-frei eingestuft werden, können die erbliche Disposition in sich tragen; diese läßt sich nur über die Nachzuchtbeurteilung ermitteln.

▶ **Ellbogengelenksdysplasie**

Außer an HD können Hunde auch an Ellbogengelenksdysplasie (ED) erkranken. Die Erkrankung ist erkennbar an Lahmheit bzw. Schonen der Vorderhand. Ein Dobermannbesitzer kann jedoch durch vernünftige Haltung auch diese Erkrankung beeinflussen. An erster Stelle steht eine sinnvolle Fütterung. Der heranwachsende Hund sollte nicht zu dick aufgefüttert werden. Erwünschte Substanz und Übergewicht sind zweierlei. Auch ist übermäßige Bewegung nachteilig für den heranwachsenden Hund. Es ist wesentlich besser, mehrmals täglich kleine Spaziergänge zu machen als einen langen. Außerdem eignen sich Spieleinheiten mit gleichaltrigen Hunden besser für die Entwicklung als das übermäßige und rauhe Toben mit erwachsenen Hunden.

▶ **Augenerkrankungen**

Auch an den Augen treten genetisch bedingte Erkrankungen auf, auf die die Hunde inzwischen untersucht werden.

Die Collie-eye-anomalie (CEA) ist ein Defekt des Augenhintergrundes. Die Bandbreite der Anomalie reicht von geringfügiger Einschränkung des Sehvermögens bis zur vollständigen Blindheit.

Bei der Retina-Dysplasie (RD) handelt es sich um eine Netzhautveränderung, die ebenfalls das Sehvermögen beeinträchtigt.

Die Persistierende hyperplastische Tunika Vasculosa Lentis (PHTVL) betrifft die Augenlinse und die sie umgebende gefäßhaltige Gewebeschicht. Schon im Mutterleib wird durch eine Unterversorgung des Gewebes eine Fehlentwicklung hervorgerufen. Das Sehvermögen des Hundes erfährt eine gravierende Schädigung.

Die Progressive Retina Atrophie (PRA) ist ein fortschreitender Netzhautschwund. Diese Erkrankung verschlechtert sich mit zunehmendem Alter.

Der Katarakt (C) ist als grauer Star bekannt: eine Trübung der Augenlinse, die zur Erblindung führen kann. Demgegenüber ist der Alterskatarakt nicht krankhaft.

Die ersten drei genannten Augenerkrankungen haben neben der Verminderung des Sehvermögens auch Störungen im psychischen Bereich zur Folge wie mangelndes Lernvermögen, Temperamentfehler sowie zuweilen Formen von Schwachsinn. Untersuchungen der Augen sind auf allen CACIB-Ausstellungen möglich, die der VDH organisiert. Außerdem existiert

► **Erste Hilfe**

1. Ruhe bewahren, besänftigend auf den Hund einreden, ihn langsam beruhigend streicheln.

2. Bei Bewußtlosigkeit auf die Seite lagern, Kopf schräg nach unten lagern und die Zunge herausziehen, um ein Ersticken zu verhindern.

3. Bei Kälte: warme Unterlage und zudecken. Bei Hitze: in den Schatten legen und feuchte, kalte Tücher auflegen.

4. Bei Insektenstichen den evtl. verbliebenen Stachel mit einer Pinzette entfernen. Mit kalten Kompressen kühlen.

5. Bei Stichen im Mund- und Rachenraum sofort zum Tierarzt! Erstickungsgefahr!

6. Bei starken Blutungen Druckverband anlegen.

7. Schnellstmöglich einen Tierarzt aufsuchen.

seit einiger Zeit der DOK (Dortmunder Kreis), die »Gesellschaft für Diagnostik genetisch bedingter Augenerkrankungen«. Tierärzte und veterinärmedizinische Kliniken, die dem DOK angehören, sind berechtigt, die entsprechenden Augenuntersuchungen durchzuführen, da sie dahingehend eine spezielle Ausbildung erhalten haben und die entsprechende Praxisausstattung besitzen. Jedem Dobermannbesitzer wird angeraten, seinen Hund auf genetisch bedingte Augenerkrankungen untersuchen zu lassen.

► **Magendrehung**

Die Magendrehung stellt nicht nur beim Dobermann eine nicht zu vernachlässigende Gefahr dar. Denn bei großen Rassen besteht aufgrund der Anatomie der Magen-Aufhängung eine Veranlagung zur Magendrehung (Torsio ventriculi). Diese ist eine lebensbedrohliche Erkrankung, die nicht selten tödlich endet. Nur eine umgehende, sofortige Operation durch einen Tierarzt kann lebensrettend für den Hund sein. Es gibt mehrere Ursachen für diese Erkrankung. Deshalb ist es für jeden Dobermannbesitzer von entscheidender Bedeutung, sich entsprechendes Hintergrundwissen dazu anzueignen.

Eine Disposition großer Hunderassen für die Magendrehung ist bekannt. Außerdem sind die Art und Weise der Fütterung mitentscheidend. Durch häufige Fütterung von kleinen Portionen kann das Risiko eingeschränkt werden. Auch der erwachsene Hund sollte auf jeden Fall mindestens zweimal täglich gefüttert werden. Der Hund sollte jederzeit, das bedeutet Tag und Nacht, Wasser zum Trinken zur Verfügung haben. Hunde, die jederzeit trinken können, saufen nie auf einmal eine gefahrbringende zu große Menge.

Auch sollte jeder Hund, sofern man mehrere Hunde hält, für sich allein aus einer Futterschüssel fressen. Diese sollte in einem Ständer stehen, der in der Höhe der Größe des Hundes angepaßt wird. Weiterhin muß man Streß bei und nach der Fütterung vermeiden.

Die Magendrehung ist mit einem schnellen Aufblähen des Bauchraumes und zunehmender Hinfälligkeit verbunden. Da der Magen sich um seine Längsachse gedreht hat, werden die Speiseröhre und der Zwölffingerdarm verschlossen. Die im Magen sich bildenden Gase blähen ihn auf, und er drückt auf die anderen Organe. Starke Kreislaufprobleme und panische Angst überfallen den Hund. Er versucht zu erbrechen, was aber durch den Verschluß nicht möglich ist. Die Symptome sind unverkennbar und gebieten einen sofortigen vorsichtigen Transport des Hundes in eine tierärztliche Praxis.

▶ Herzerkrankungen

In den letzten Jahren findet man eine Zunahme von tödlichen Herzerkrankungen bei Dobermännern. Diese treten in der Regel ohne Vorwarnung auf und enden tödlich. Die Hunde sind fast immer im sogenannten besten Alter, sportlich gut durchtrainiert, temperamentvoll und strotzend vor Vitalität. Nach körperlicher Belastung bekommt der Hund urplötzlich einen Schwächeanfall, taumelt, fällt um und stirbt. Auch diese Herzerkrankungen treten in bestimmten Blutlinien verstärkt auf, würden sich aber durch verantwortungsbewußtes Verhalten der Züchter bei Paarungen minimieren lassen.

▶ Gebiß- und Fellmängel

Für den Dobermann-Halter, der mit seinem Hund Ausstellungen besuchen bzw. ihn zur Zucht verwenden möchte, sind Gebißanomalien und Pigmentmängel zuchtausschließende Fehler. Weiße Haare oder Flecken im Brustbereich, häufig zwischen den Brustabzeichen, kommen in manchen Blutlinien relativ häufig vor. Sie sind zwar nicht gesundheitlich beeinträchtigend für den Hund, jedoch nach dem Rassestandard entscheidende Mängel. Auch Gebißfehler wie fehlende Zähne sowie ein unkorrekter Gebißschluß (Erbmangel) schließen von Ausstellungen und Zucht aus. Die Anzahl der Zähne (42) im Gebiß, ihre Lage und Stellung sind zwingend vorgeschrieben.

▶ Alternative Heilmethoden

Hundebesitzer, die auch für sich selbst Naturheilverfahren bevorzugen, werden sicherlich auch bei ihrem Hund diese Behandlungsmethoden vorziehen. Es gibt inzwischen immer mehr Tierärzte, die zusätzlich auf den Gebieten der alternativen Tiermedizin praktizieren. Wichtig anzumerken und zu beachten ist, daß Naturheilverfahren, die der Laie unterstützend anwendet, auf keinen Fall notwendige tierärztliche Maßnahmen ersetzen können.

Schulmedizin und Naturheilverfahren sollten nebeneinander angewandt werden, ein sinnvolles »sowohl als auch« kann nur im Sinne und zum Nutzen des Patienten sein. Für alle Hundehalter sei auf die Literaturliste zu diesem Themenbereich am Ende des Buches verwiesen.

Neben homöopathischen Arzneimitteln lassen sich sehr gut Heilkräuter zur Behandlung eines erkrankten Tieres einsetzen. Ebenso wirkt die Bach-Blüten-Therapie bei vielen Störungen, deren Ursachen im psychischen Bereich des Hundes zu suchen sind.

Vielfach können Schulmedizin und naturheilkundliche Anwendungen nacheinander oder nebeneinander eingesetzt werden.

Erziehung leichtgemacht

Erziehung leichtgemacht

Ein Hundeliebhaber, der sich zur Anschaffung eines Hundes entschließt, hat in der Regel eine ideale Vorstellung davon, wie der Vierbeiner einmal werden soll und wie er sich in den Verband »Familie« einzuordnen hat. Möglichst unproblematisch sollte sich der Eingewöhnungsprozeß vollziehen. Der Hund soll Regeln beachten und sich ausgeglichen, nervenstark und souverän in der Umwelt zeigen. Kurzum: Er soll der perfekte Partner sein. Beim Kauf wird deshalb darauf geachtet, daß die Eltern hoch prämiert sind. Manche glauben, daß dies die Voraussetzung ist, daß der Hund sich wie gewünscht entwickelt.

Diese falsche Vorstellung trifft man leider viel zu häufig an. Die Lernpsychologie hat uns längst gezeigt, daß die Vererbung zwar eine wichtige, aber nicht die alleinige Rolle in der Entwicklung spielt. Vielmehr ist Verhalten das Produkt von Vererbung und Prägung. Das bedeutet, daß sich der Hundehalter auch beim Hundekind auf einen andauernden Entwicklungs- und Erziehungsprozeß einstellen muß, genau wie es in der Kindererziehung der Fall ist.

Viele Erziehungsprozesse unseres jungen Dobermanns vollziehen sich unmerklich. Er paßt sich gewissen Regeln wie selbstverständlich an. Andere Situationen bereiten ihm jedoch mehr oder weniger große Probleme. Es ist nun unsere Aufgabe, ihn an alle Dinge heranzuführen und Hilfen zu geben, damit er sicher wird. Dies muß sofort nach Übernahme des Welpen beginnen, in der sogenannten »Sozialisierungsphase«. Versäumnisse in dieser Zeit sind im späteren Alter leider nicht mehr wettzumachen. Deshalb ist auch vom Erwerb eines Junghundes, der ohne Anregungen viele Wochen im Zwinger des Züchters gelebt hat, unbedingt abzuraten. Welpen, die die sozialen Fähigkeiten nicht weiterentwickeln, die sie im Umgang mit Mutter und Geschwistern in den ersten Wochen erworben haben, verlieren diese wieder. Erst mit fortgeschrittenem Alter, wenn sich das soziale Verhalten verfestigt hat, können Hunde Phasen ohne soziale Kontakte relativ unbeschadet überstehen.

▶ Umwelterfahrungen

Wie prägt man einen Welpen zum kinderlieben, hundefreundlichen, selbstsicheren, zuverlässigen und allseits geschätzten Familienmitglied?

An erster Stelle steht beim Welpen seine Sicherheit im Umgang mit Menschen. Schon beim Züchter sollte er vielfältige Kontakte zu Personen gehabt haben, damit ihm deren Erscheinungsbild vertraut ist. Sie sollten sich auch intensiv mit ihm beschäftigt haben, so daß er mit Menschen nur positive Erfahrungen in Verbindung bringt.

In den ersten Wochen in seinem neuen Zuhause ist die Festigung und Vertiefung dieser ersten Erfahrungen ein wesentlicher Bestandteil des Tagesablaufs. Der Mensch kann dabei auf eine breite Palette von Einwirkungsmöglichkeiten zurückgreifen. Wir können das gewünschte Tun des Welpen durch Leckerchen belohnen, unsere Stimme kann vom Loben bis zur Ermahnung reichen. Unsere Gesten

Unterordnungsübungen - hier Leinenführigkeit - machen einem gut ausgebildeten Dobi Spaß.

können Verhaltensmuster sehr vertiefen, und im unbefangenen Spiel kann man hervorragend Vertrauen aufbauen.

Bei kleinen Spaziergängen stürzen vielerlei Eindrücke auf den kleinen Hund ein. Manches ist ihm vertraut, anderes bringt ihn aus der Fassung. Der besonnene Hundeführer führt den Welpen an alles heran, bis es ihm völlig selbstverständlich ist. Es ist unbedingt notwendig, den Hund an das Autofahren zu gewöhnen. Aber auch das Fahren mit dem Zug, der Straßenbahn, der U-Bahn, einem Boot usw. kann angebracht sein, je nach unseren Lebensgewohnheiten. Der passionierte Bergwanderer z.B. wird den Welpen sicherlich auch frühzeitig an das Fahren mit der Seilbahn gewöhnen, damit er später einen unproblematischen Wanderkameraden hat.

TIP

Die ersten Spaziergänge sollten sehr kurz ausfallen. Der Welpe muß vieles aufnehmen, und wir müssen ihn mit himmlischer Geduld unterstützen und eventuell stärken. Ein zu umfangreiches Programm überfordert ihn. Er sollte nur in kleinen Lektionen und systematisch mit viel Überlegung an alles herangeführt werden.

Unser kleiner Freund muß auch an das Leben einer Stadt gewöhnt werden. Aus der Perspektive des Welpen sind Omnibusse, Radfahrer, Rolltreppen, Aufzüge und vieles mehr Umstände, die ihn zumindest stutzen lassen, im schlimmsten Fall aber auch

fürchterlich erschrecken. Vielfältig sind die Geräusche, Gerüche und Bewegungen. Bei den Begegnungen mit diesen fremden Einflüssen benötigt der Welpe einen einfühlsamen, helfenden Partner – seinen Besitzer.

Ein ständiges Training in kleinen Einheiten mag zwar für uns Menschen anstrengend sein, aber es zahlt sich später aus. Es muß davor gewarnt werden, gewohnheitsmäßig das Programm abzuspulen, wenn man nervlich stark angespannt ist, wenig Zeit hat oder nicht »gut aufgelegt« ist. In diesem Fall sollte man lieber auf eine Übungseinheit verzichten, da der Hund unseren Gemütszustand spürt und Angst aufbauen könnte. Dabei entstehende Fehlverknüpfungen könnten einen lang anhaltenden negativen Einfluß ausüben.

Um die Palette der Umwelteinflüsse – wenn auch unvollständig – zunächst abzuschließen, seien noch fremde Menschen, fremde Hunde sowie andere Tiere erwähnt.

▶ Hundekontakte

Was die Förderung unseres Welpen in den ersten acht Wochen betrifft, sind wir auf unsere Beobachtungen und auf die Angaben des Züchters angewiesen. Unser Hund hat in dieser Zeit ständigen Umgang mit seiner Mutter und seinen Geschwistern gehabt. Daraus sollten wir aber nicht ableiten, daß er sozusagen »instinktiv« oder auf Grund dieser Erfahrungen wüßte, wie er mit anderen Hunden umzugehen hat.

Ein Hund, der in seiner Jugend keine weitere Gelegenheit zum Umgang mit anderen Hunden bekommt, wird nicht in der Lage sein, mit ihnen angemessen umzugehen. Er kann sich das ganze Verhaltensinventar nicht aneignen, das die Hunde im Umgang miteinander entwickeln. Wenn man also einen Hund haben möchte, der die Spielregeln der Hunde untereinander achtet und anwenden kann, muß man seinem Welpen regelmäßig Gelegenheit zum Kontakt mit anderen Junghunden geben.

In den letzten Jahren haben Hundesportvereine und Hundeschulen diese Marktlücke entdeckt und bieten Hundekindergärten oder Welpenschulen an. In der Regel sind viele verschiedenrassige Hunde etwa gleichen Alters in diesen Welpenkursen. Sie bekommen Gelegenheit zum ausgiebigen Spiel, mitunter werden auch Anleitungen zur Hundeerziehung angeboten. Diese Kurse bieten noch einen weiteren Vorteil: der Hund kann nämlich sein Verhältnis zu fremden Menschen vertiefen. Durch das Spiel mit seinen Altersgenossen ist er in einer ausgesprochen positiven Grundstimmung. Diese überträgt er automatisch auch auf die anwesenden Menschen. In der Welpenschule treffen Kinder wie Erwachsene zusammen, die alle das gemeinsame Interesse am Hund verbindet. Jeder ist bereit, den Hunden die nötigen Streicheleinheiten zu geben. Hier kann der Welpe unbefangen zu jedem hinrennen, mit einem Lob wird er bestätigt. Vor allem läuft man nicht Gefahr, daß er abgeblockt wird von jemandem, der keine Hunde mag oder Verschmutzungen durch ihn befürchtet, wie das draußen, außerhalb des Schonraumes Welpenschule passieren kann. Somit wird Vertrauen zu Menschen weiter gefördert.

Verstärken kann man diesen Lernprozeß noch durch die Belohnung mit

Kontakte zu andersrassigen Artgenossen sind vom Welpenalter an wichtig.

Leckerchen, die vom Hundeführer, aber auch von den fremden Personen gereicht werden. Es empfiehlt sich jedoch, nur mit dem Einverständnis des Hundebesitzers Futter zu reichen, da manche Hundebesitzer es strikt ablehnen, daß ihr Hund von Fremden Futter annimmt.

Wenn ein Dobermann Probleme mit fremden Personen hat, würde ich die Priorität zunächst auf die Sozialisierung legen, also auch mit Futter Vertrauen aufbauen. Später kann man dann über Kommandos eine gewünschte Distanz zu Fremden wieder herstellen.

▶ Wie der Hund lernt

Der Hund ist ein Wesen, das geführt werden will. Im Rudel steht der Leithund in der Rangordnung an erster Stelle. Durch sein Auftreten und Imponiergehabe erwirbt er sich seine Spitzenposition. Der einzelne Hund findet im Rudel, je nach seinen Bedürfnissen und seinem Behauptungswillen, seinen Platz. Der Leithund bestimmt in allen Lebenslagen unerbittlich, der einzelne Hund hat sich unterzuordnen, wie er es schon als Welpe im Spiel mit seiner Mutter gelernt hat.

Der Hund ist praktisch darauf programmiert, sich auch im Menschenrudel unterzuordnen. Der Mensch muß diese Rolle entschlossen und konsequent ausfüllen. Er zeigt dem Hund seinen Liegeplatz, gibt ihm Futter oder nimmt es ihm wieder weg, beginnt oder beendet das Spiel usw.

Kontakte zu Kindern sollte ein Dobermann vom Welpenalter an haben.

Versagt der Mensch in seiner Führungsrolle und in der Erziehung des Hundes zu einem sozialen Wesen, so bringt er den Hund zu unerwünschten Reaktionen. Der Hund wird verunsichert. Er findet die ihm zugedachte Rolle im Rudel nicht und entspricht dadurch nicht unseren Vorstellungen. Manche Hunde reißen die Rolle des Leithundes, die der Mensch nicht ausfüllt, an sich. Ständige Konflikte sind die Folge. Der Hund zeigt Aggressionen oder Angst, geht evtl. zu Drohgebärden oder zum Angriff über, oder er ergreift die Flucht und wird damit unberechenbar und gefährlich. Die mangelnde Führungsqualität des Menschen hat damit einen Problemhund produziert.

Als Lernvoraussetzung möchte ich noch auf die angstfreie Atmosphäre hinweisen. Genau wie ein Kind nicht klar denken kann, wenn es in Panik gerät, kann auch ein Hund unter Streß und Angst nicht richtig reagieren. Ein hysterisch herumbrüllender Hundeführer verängstigt den Hund. Er ist ein schlechter Lehrmeister, der zum Mißerfolg verdammt ist.

Unzweideutige Reaktionen des Menschen sind unbedingt erforderlich, damit der Welpe adäquat reagieren kann. Ein Verbot ist und bleibt ein Verbot, unabhängig von unserer Laune. Der Hund versteht nicht, warum er es gerade heute einmal mißachten durfte und morgen vielleicht nicht mehr. Also: Immer konsequent sein und sich auch über die Folgen im klaren sein. Anders ausgedrückt: Was der erwachsene Hund nicht tun darf, muß ihm bereits als Welpe stets verboten werden. Also Konsequenz vom ersten Tag an!

TIP

Achten Sie darauf, den Welpen zu belohnen, wenn er ruhig und gelassen ist. Wenden Sie sich ihm jedoch erst zu, wenn er bereits ängstlich geworden ist und das kundtut, so verstärken Sie sein Angstverhalten durch Ihre Zuwendung im falschen Moment.

▶ Tierarztbesuche

Manche Hunde haben ein Leben lang große Angst vor dem Tierarzt, ein Besuch ist jedesmal eine Tortur. Lassen Sie es nicht so weit kommen. Besuchen Sie den Tierarzt sehr bald mit Ihrem kleinen Welpen. Kontrolluntersuchung und Impfung sind nicht mit schmerzhaften Erfahrungen verbunden. Wenn alle Beteiligten dann noch souverän und ruhig mit dem kleinen Kerl umgehen und ihm zur Belohnung noch Leckerchen anbieten, so bleibt der Tierarzt ihm in angenehmer Erinnerung.

▶ Bindung und Herankommen

Die Stimme ist ein sehr wichtiges Instrument bei der Hundeerziehung. Der Welpe lernt sie beruhigend oder überschwenglich lobend kennen. Unsere Hände können durch das Streicheln tiefe Gefühle hervorrufen. Sie können den Hund beruhigen oder ermuntern. Streicheln wir den Hund heftig und intensiv, so muntert ihn das auf, er springt herum. Wird unser Streicheln hingegen ruhig und langsam, so wirkt das einschläfernd auf ihn und bringt ihn zur Ruhe.

Hockt man sich auf den Teppich, so wird der kleine Dobermann sofort die Gelegenheit zum Spiel suchen. Wir können uns mit ihm beschäftigen wie mit einer Katze, indem er zwischen unseren Beinen Bälle oder andere Gegenstände jagt und fängt. Dabei wird ihm unsere körperliche Nähe völlig selbstverständlich und vertraut.

Den Welpen sollte man häufig mit dem Namen ansprechen, an den er sich gewöhnen muß. Schon im häuslichen Umfeld sollte man das »Herankommen« intensiv trainieren. Man geht dabei in die Hocke und lockt den Welpen, indem man seinen Namen und »Komm« ruft. Er verbindet mit dem Herankommen etwas sehr Positives, wenn wir ihm danach ein Leckerchen reichen, ihn füttern, Spielzeug anbieten oder einfach mit ihm schmusen. Es ist sehr zu empfehlen, den Hund häufig aus der Hand zu füttern. Unsere Hände spielen für den Hund eine zentrale Rolle. Er lernt, sie als sehr angenehm zu empfinden. Er weiß, daß er Handbewegungen trauen kann, sie bringen ihm Futter und Streicheleinheiten.

Wichtig ist, ihn zu Beginn nach dem Herankommen nicht gleich an-

TIP

Aus Erfahrung rate ich jedem, den jungen Dobermann an eine Schleppleine von 8 bis 10 m Länge zu gewöhnen. In dem geschilderten Fall kann man die Leine sozusagen als »verlängerten Arm« einsetzen und den Hund zu sich heranholen. Der Hund hingegen verknüpft: Auch wenn ich einige Meter von meinem Führer entfernt bin, kann er mich jederzeit zu sich heranholen, also gehorche ich lieber.

zuleinen, sondern sofort wieder freizugeben. Ansonsten würde er verknüpfen: Wenn ich gehorche, dann ist mein schönes Spiel sofort vorbei, also komme ich lieber nicht! Es ist unserer Kunst anheimgestellt, nach dem Anleinen etwas besonders Tolles zu machen, so daß der Hund verknüpft: Herumtollen ist schön, an der Leine gehen kann noch viel schöner sein. Sie können z. B. gemeinsam hinter einem Ball herrennen, ein Spielzeug ins Gebüsch werfen und suchen usw. Der Phantasie sind keine Grenzen gesetzt, Hauptsache es macht Spaß.

Hinweisen möchte ich noch auf die Unart vieler Hundeführer, ihren Hund ständig zu rufen. Der Hund stumpft schnell ab und denkt gar nicht mehr daran zu kommen. Das ständige Rufen ist wie ein dauernd bimmelndes Glöckchen, das dem Hund signalisiert: Ich bin noch da.

Kommt ein Hund auf unser Rufen nicht sofort zurück, so heißt es Ruhe bewahren. Beim Welpen kann es zum Erfolg führen, sich schnell von ihm zu entfernen. Mit großer Wahrscheinlichkeit wird er hinter seinem Rudelführer herrennen, vielleicht auch, um mit ihm zu spielen. Sinnvoll ist auch, in die Hocke zu gehen, da wir dem Hund dadurch kleiner erscheinen, so als hätten wir uns entfernt. Bleiben Sie ganz freundlich, wenn er zurückkommt, loben Sie ihn! Lassen Sie Ihrer Wut nämlich freien Lauf und schimpfen mit ihm oder schlagen ihn womöglich sogar, so wird er die Strafe mit seinem Kommen verknüpfen, nicht auf sein Weglaufen beziehen. Er wird in Zukunft kaum wieder zu Ihnen zurückkommen oder dabei unterwürfig auf dem Bauch kriechen.

Der Dobermann ist ein Hund, der zu großer Eigenständigkeit neigt. Selbst bei guter Prägung wird der heranwachsende Hund eines Tages versuchen, aus dem Einwirkungsbereich des Hundeführers auszubrechen. Da hilft dann alles Rufen nichts, er tobt herum und möchte seinem Bewegungsdrang freien Lauf lassen. Versucht der Hundeführer, ihn zu fangen, so faßt er das als ein besonders schönes Spiel auf, er wird also bei seinem falschen Tun zusätzlich positiv verstärkt.

▶ **Gewöhnung an Kinder**

Dem Dobermann eilt der Ruf voraus, ein gefährlicher und bissiger Hund zu sein. Entstanden ist dieser Ruf vor allem durch das Auftreten von Dobermännern in der Literatur sowie in Filmen. Erwähnt seien nur Krimis oder der Film »Dobermann-Gang«. Hier werden die Dobermänner als furchterregende Bestien verkauft. Diese Darstellung wird der wahren Wesensart des Dobermanns nicht gerecht. Bei den bedauerlichen schweren Unfällen, die durch aggressive Hunde verursacht wurden, war der Dobermann unbeteiligt.

Die Kinderfreundlichkeit des Dobermanns ist sprichwörtlich. Trotzdem ist man – wie bei allen Hunderassen – gut beraten, auch den jungen Dobermann an Kinder zu gewöhnen. Das sollte immer nur unter Aufsicht eines Erwachsenen geschehen, da Kinder zu unbedachten Handlungen neigen können. Es ist sinnvoll, auch jetzt ein positives Umfeld zu schaffen, das der Hund mit den Kindern verknüpft. Passiert also etwas Tolles, Interessantes, wenn Kinder kommen, so verbindet der junge Dobermann mit Kindern an sich etwas Positives. Füttern die Kinder ihn dann noch aus der Hand oder halten sie ihm den Futternapf, so steht einer tiefen Freundschaft nichts mehr im Wege.

GEWÖHNUNG ANS BABY ▶ Kommt ein Baby neu in die Familie, so sollte man ein paar wichtige Punkte beachten:
• Dem Hund weiterhin sehr viel Zuwendung zukommen lassen, damit er nicht eifersüchtig wird.
• Ihm nach der Fütterung des Babys ein wenig vom Babybrei abgeben; so verknüpft er auch mit dem Baby sehr angenehme Empfindungen.

▶ **Sachen zerkauen**

Das Gebiß eines Hundes entwickelt sich allmählich zu einem kräftigen Werkzeug. Er ist damit in der Lage, auch kräftigste Knochen zu zerkleinern. Zur Entwicklung dieses Werkzeugs ist ständiges Training notwendig. Demzufolge ist das Zerkauen von Gegenständen ein völlig normales hundliches Verhalten. In der Zeit des Zahnwechsels hat der Hund ein besonders großes Bedürfnis, etwas zu kauen. Damit verschafft er sich Linderung in seinem schmerzenden Kiefer. Der Hund nimmt in dieser Zeit buchstäblich alles in seinen Fang, um darauf herumzuknabbern. Ob der Schuh neu oder das Möbelstück wertvoll ist, spielt für ihn keine Rolle. Wir sollten ihn daran gewöhnen, sich mit Kauspielzeug zu beschäftigen. Im Zoofachhandel gibt es vielerlei Angebote, auch für Ihren Hund werden Sie das Passende finden. Der Hund kann so Langeweile überbrücken, sich Linderung verschaffen, und Ihr Hab und Gut bleibt unbeschadet.

▶ Die Bellfreudigkeit

Der Dobermann ist ein temperamentvoller und leicht erregbarer Hund. Gekoppelt damit ist seine hohe Bellfreudigkeit. Ein Dobermann verbellt alles, was sich seinem Reich nähert. Selbst beim Autofahren kann es geschehen, daß er auf das Geschehen mit Bellen reagiert. Halter verschiedener Hunderassen werden bestätigen, daß der Dobermann stets auf dem Posten ist und als erster anschlägt, lange bevor sich andere Hunde rühren.

Sein überragendes Gehör und seine stete Wachsamkeit machen ihn natürlich zum idealen Wachhund, bei dem diese Eigenschaften ja erwünscht sind. Wohnt man allerdings an einem Durchgangsweg, so kann die Bellfreudigkeit des Dobermanns zur Plage werden.

Wenn Fremde stehenbleiben oder sich dem Zaun nähern (unvernünftige Zeitgenossen reizen einen Hund auch noch), so gibt er nicht eher Ruhe, bis sich der vermeintliche Störenfried entfernt hat. Dieses Verhalten ist leicht zu aktivieren. Filmemacher haben den Hund so hinlänglich mit gefletschten Zähnen in Szene gesetzt.

Konzentration von Hundeführerin und Hund vor Beginn der Unterordnungsübungen

▶ Alleinbleiben

Bei diesem Thema muß ich immer an eine junge Familie denken, die sich hilfesuchend mit ihrem fünfmonatigen Dobermann in unserem Verein meldete. Man hatte sich voller Idealismus einen Welpen von acht Wochen ins Haus geholt. Um dem Welpen die Eingewöhnungszeit zu erleichtern, war extra der Jahresurlaub entsprechend geplant worden. Der kleine Kerl bereitete auch zunächst allen viel Freude. Wann immer er erwachte, fand er einen Spielpartner. Der Kontakt wurde dementsprechend sehr eng, alle waren glücklich.

Die Ferien gingen zu Ende, und der drei Monate alte Hund mußte zum erstenmal morgens allein zu Hause bleiben. Bei ihrer Rückkehr wurden die Hundeeltern bereits von wutentbrannten Nachbarn empfangen, denn der junge Dobermann hatte seinem Trennungsschmerz durch stundenlanges Jaulen und Bellen Ausdruck verliehen. Ganz nebenbei hatte er auch noch aus Ermangelung eines Spielpartners die Möbel »bearbeitet«. Nun war guter Rat teuer. Um den Nachbarn keinen weiteren Anlaß zu Klagen zu geben, nahmen ihn Herrchen und Frauchen in der Folge abwechselnd mit zur Arbeit. Als es dort auch Schwierigkeiten gab,

mußte der Hund mitunter den ganzen Tag im Auto verbringen.

Der Familie gelang es auch in den folgenden Monaten nicht, den Hund an das Alleinsein zu gewöhnen und das Bellen abzustellen. Völlig entnervt gab man schließlich einen einjährigen Hund ab, der nie an einen geregelten Tagesablauf gewöhnt wurde. Zudem hatte der Hund sich auch körperlich nicht altersgemäß entwickelt, da eine wichtige Voraussetzung für ein gutes Gedeihen nicht erfüllt worden war: ausreichende Ruhe.

Solch einer Entwicklung kann man vorbeugen, indem man von Anfang an den Hund daran gewöhnt, eine gewisse Zeit allein zu sein. Günstig ist es, wenn man dazu einen Raum zur Verfügung hat, in dem der Hund ungestört allein sein kann. Der geeignete Zeitpunkt dazu ist nach dem Fressen, wenn er sowieso ein Ruhe-

und Schlafbedürfnis hat. Ohne viel Aufhebens davon zu machen, wird der Welpe wie selbstverständlich an seinen Platz gebracht. Hat er dann noch interessantes Spielzeug zur Verfügung, so wird er sich wohl fühlen und ruhen. Zu Beginn werden diese Ruhephasen noch kurz sein, altersgemäß wird man sie steigern.

Sehr empfehlen kann ich als Ruheplatz für den Junghund eine sogenannte Gitterbox. Dadurch kann der Hund in der Abwesenheit des Besitzers nichts zerstören. Würde er nämlich nach dessen Rückkehr dafür bestraft, daß er etwas zerstört hat, so würde er die Strafe mit der Rückkehr

▶ Unerwünschtes Bellen

Möchte man sich Ärger mit den Nachbarn ersparen, so sollte man schon beim Junghund mit Erziehungsmaßnahmen eingreifen und die Bellfreudigkeit zügeln. Es ist sinnvoll, wenn ein Hund auf das Kommando »Laut« bellt. Dieses Bellen sollte man an-, aber auch abstellen können. Konkret sollte man den Dobermann loben, wenn er ruhig bleibt. Wendet man sich hingegen dem Hund erst zu, wenn er bereits bellt, sei es durch Ermahnung oder Beruhigung, so empfindet der Hund das möglicherweise als Belohnung, da wir uns ihm zuwenden. Sein Verhalten bessert sich nicht, es wird hingegen sogar noch verstärkt. Loben sollte man den Hund also erst, wenn er wieder ruhig geworden ist. So wird sein Wohlverhalten belohnt.

Eine vorzügliche Freifolge. Die Hündin ist völlig auf ihre Hundeführerin fixiert.

des Besitzers und nicht mit dem Zerstören der Wohnungseinrichtung in Verbindung bringen. Eine fatale Verknüpfung, die das Vertrauensverhältnis nachhaltig zerstört bzw. gar nicht erst entstehen läßt.

▶ **Hochspringen und Lecken**
Eine typische Eigenart von Hunden, die beim Dobermann auf Grund seines Temperaments besonders ausgeprägt ist, ist das Hochspringen an seinem Besitzer, verbunden mit Lecken des Gesichts.

Wildhunde begrüßen auf diese Weise ihre zurückkehrende Mutter. Sie würgt daraufhin den Mageninhalt hervor, der von den Welpen aufgenommen wird. Rangniedere Hunde begrüßen mit dieser Beschwichtigungsgeste, dem Lecken der Maulwinkel, die Ranghöheren. Entsprechend verhält sich unser Welpe, wenn er am Rudelführer Mensch hochspringt und versucht, ihm das Gesicht zu lecken.

Für uns Menschen ist das natürlich nicht sonderlich angenehm. Dem Tier ist es nur schwer abzugewöhnen, da es sich dabei um Begrüßungsgesten und Zuneigungsbeweise handelt, die im Verhaltensrepertoire der Hunde verankert sind.

Immer wieder sieht man Hundeführer, die mit sehr mäßigem Erfolg versuchen, dies dem Hund abzugewöhnen. Sie drücken dem Hund die Hand auf den Kopf mit dem Kommando »Pfui, laß das!«. Andere rammen dem inzwischen älter gewordenen Hund beim Hochspringen das angezogene Knie in den Brustkorb, in der Hoffnung, daß der Hund, um den Schmerz zu vermeiden, nicht mehr hochspringt. Viel besser und für den Hund in seiner Sprache viel verständlicher ist es, das korrekte Verhalten zu belohnen und das Hochspringen zu ignorieren.

Konkret bedeutet das, daß Sie Ihren Hund nicht beachten, solange er hochspringt. Setzt er sich hin, so

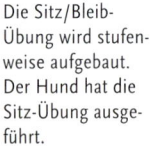

Die Sitz/Bleib-Übung wird stufenweise aufgebaut. Der Hund hat die Sitz-Übung ausgeführt.

wird er unverzüglich dafür gelobt. Springt er wieder auf, so werden wir sofort wieder passiv und ignorieren ihn. Diese Methode funktioniert gut; leider vergessen viele Leute nach kurzer Zeit, den brav dasitzenden Hund noch zu loben, es ist schon zu selbstverständlich geworden.

▶ Aufreiten

Ein Hunderudel ist rangmäßig klar geordnet. Der Ranghöchste, der Leithund, demonstriert seinen Führungsanspruch in vielfältiger Weise. Er sorgt für den Nachwuchs, im Zweifelsfall führt er Kämpfe um eine heiße Hündin. Mit »Aufreiten« demonstriert er seinen Machtanspruch. Jeder im Rudel bekommt so mitgeteilt, wer das Sagen hat. Dabei spielt es gar keine Rolle, ob der Hund für den Leithund geschlechtlich interessant ist. Auch Rüden besteigt er, um zu dokumentieren: »Ich habe das Sagen.« Heranwachsende Rüden entdecken sehr schnell, daß das Aufreiten Spaß macht

und angenehme Gefühle bereitet. Phasenweise versuchen sie bei fast jeder sich bietenden Gelegenheit aufzureiten. Ernst wird es, wenn ein Jungrüde sich dem Leithund nicht unterordnen will. Dann kommt es zu Drohungen und möglicherweise letztendlich zu einer Rauferei, in der der Machtanspruch ausgefochten wird. Hin und wieder sieht man Hunde, die auch bei Menschen aufreiten und klammern. Das kann ein Verzweiflungsakt eines Hundes sein, der seine Lust gezwungenermaßen nicht befriedigen kann, was harmlos wäre. Es kann aber auch eine Machtdemonstration gegenüber dem Rudelführer Mensch sein, der den Führungsansprüchen nicht genügt. Der Hund versucht also, die Oberhand zu gewinnen. Bestimmt und konsequent muß man dem Hund ein solches Tun verbieten.

▶ Der Einmannhund

Von seiner Anlage her ist der Dobermann ein typischer Einmannhund. Er

Der Hundeführer entfernt sich rückwärtsgehend schrittweise vom Hund. Durch Worte und Handzeichen wirkt er auf den Hund ein.

schließt sich bis zur Selbstaufgabe seinem Herrchen oder Frauchen an, macht aber auch eifersüchtig seine Besitzansprüche geltend. Hier liegt ein ganz gravierender Unterschied zu vielen anderen Hunderassen. Viele Jagd- und Hütehunde zum Beispiel sind ausgesprochene Meutetiere, die nicht nur Gesellschaft dulden, sondern sich in der Gemeinschaft erst richtig wohl fühlen. Sie sehen auch die Familie ihres Herrchens als »Rudel« an, möchten alle Mitglieder beisammen haben und verteilen ihre Liebe gleichmäßig.

Anders der Dobermann. Die Familienmitglieder, die sich kaum mit ihm beschäftigen, sind für ihn nicht von Bedeutung. In jedem Falle hat er einen »Boß« (Mann oder Frau), der ihm alles bedeutet, dem er ohne Rücksicht auf die anderen Angehörigen der Familie folgt.

Aufgrund dieses besonderen Treueverhältnisses zu einer Person spricht man beim Dobermann auch von einem »Einmannhund«. Soll diese Neigung des Hundes nicht extrem zum Tragen kommen, so müssen sich möglichst mehrere Personen intensiv mit dem Hund beschäftigen, und zwar vom Welpenalter an.

Manche Hundebesitzer möchten aus egoistischen Gefühlen heraus, daß ihr Hund nur ihnen gehorcht. Welche Folgen das extreme Prägen des Dobermanns auf eine einzelne Person haben kann, mögen die nachfolgenden Fälle zeigen, die ich selbst mitverfolgen konnte.

Ein bekannter Züchter und Hundeführer erwarb eine junge und hochveranlagte Dobermannhündin, die später leistungsmäßig hoch prämiert wurde. Um einen guten Kontakt zu der Hündin aufzubauen, nahm er sie ausschließlich mit in sein Arbeitszimmer; mit der Ehefrau kam der Hund nur selten in Berührung. Zwischen Herrchen und Hündin entwickelte sich eine sehr enge Bindung. War der Mann außer Haus, so übernahm der

Auch bei der Platz-Übung erfolgt der Aufbau Schritt für Schritt. Der Hund hat das Kommando ausgeführt. Der Hundeführer entfernt sich mit dem Gesicht zum Hund rückwärts gehend.

Hund das Kommando. Die Ehefrau konnte sich z. B. nicht auf die Couch legen, wenn der Hund sich dort niedergelassen hatte. Sie mußte auf das Eingreifen ihres Ehemannes warten, bevor der Hund das Feld räumte. Der Mann war auf das besondere Treueverhältnis seines Hundes sehr stolz.

Erwähnt sei auch noch der Fall einer alleinstehenden jungen Frau, deren ganzer Lebensinhalt ein Dobermann war. Als sie einen jungen Mann kennenlernte, mußte der Hund Frauchen plötzlich teilen. Anstatt den Hund behutsam an die neue Situation zu gewöhnen und ihm weiterhin seine Streicheleinheiten zu geben, blieb er mitunter mehrere Tage ohne Zuwendung. Der Hund raste vor Eifersucht und bereitete dem Paar erhebliche Schwierigkeiten.

Den Situationen gemeinsam ist eine völlig einseitige Fixierung des Hundes auf eine Person. Die ohnehin stark vorhandene Anlage des Dobermanns zur Einmannbeziehung wurde hier noch verstärkt. Der Hund bekam in der Rangfolge einen Platz unmittelbar hinter dem Rudelführer zugewiesen. Natürlich ist dies eine höchst unerwünschte Konstellation, die belastend für das menschliche Zusammenleben ist. Eine derartige Haltung ist sogar als verantwortungslos zu bezeichnen, wenn man bedenkt, daß bei einer längeren Abwesenheit der Bezugsperson infolge beruflicher Verpflichtungen, Krankheit oder dergleichen andere die Versorgung des Tieres übernehmen müssen. Durch konsequente Erziehung im Junghundalter muß man solch eine einseitige Bindung des Dobermanns vermeiden.

▶ Einzel- oder Rudelhaltung?

Die oben erwähnte leichte Erregbarkeit des Dobermanns zieht Konsequenzen in der Hundehaltung nach sich. Es ist nicht ratsam, Dobermänner in der Meute zu halten. Schon bei geringen Anlässen kann es zu Aggressionen gegeneinander kommen, die

Der Hund wird abgerufen.

sich zu starken Beißereien steigern können. Fachleute raten grundsätzlich davon ab, mehrere Rüden oder Hündinnen gemeinsam in einem Zwinger zu halten. Legt man Wert auf eine größere Anzahl von Dobermännern, so wird man die Tiere als Pärchen oder einzeln halten müssen.

▶ Umgang mit Hunden und Menschen

Es wurde bereits angesprochen, daß der Welpe unbedingt viele soziale Kontakte mit anderen Hunden haben muß, um ein entsprechendes Verhaltensinventar aufzubauen. Im spielerischen Umgang mit Artgenossen kann er Verhaltensformen vertiefen und entwickeln. Ein gut veranlagter Hund entwickelt so z. B. die sog. Beißhemmung, von der manche Leute irrtümlicherweise glauben, sie sei angeboren. Hat ein Hund in seiner Jugend diese Prägung nicht erfahren und den Umgang mit anderen Hunden erlernt, so bekommt er größte Schwierigkeiten.

Sein Verhalten ist nicht der Situation angemessen, er reagiert über, und es kann zu Beißereien kommen.

Der Halter eines solchen Hundes hat es sich selbst zuzuschreiben, daß seinem Hund viele schöne Erlebnisse mit anderen Hunden verwehrt bleiben. Wir selbst gaben aus einem Wurf zwei Hündinnen ab, die dritte behielten wir selbst. Unsere eigene Hündin und die Schwester entwickelten sich im Umgang mit Menschen und Hunden völlig normal, sie spielten mit anderen Hunden und waren stets freundlich. Die dritte Hündin wuchs im ersten Jahr bei einem ausgewachsenen Rüden auf einem großen Grundstück auf. Dieser Rüde war negativ geprägt und gab sein Verhaltensinventar an die junge Hündin weiter. Vorbeilaufende Hunde wurden durch harte Attacken am Zaun in die Flucht geschlagen, Menschen verbellt. Später lebte die Hündin mit ihrem Herrchen in einem Appartement ohne jeglichen Kontakt zu anderen Hunden und

Freudig, in zügigem Tempo kommt der Hund angerannt.

Menschen. Diese Hündin, die wir im Alter von vier Jahren zurückholten, konnte bis an ihr Lebensende das gestörte Verhältnis zu anderen Hunden nicht mehr abbauen. Bei ihr wurde uns aber auch eine andere Charaktereigenschaft des Dobermanns sehr deutlich gezeigt, nämlich seine Treue. Es dauerte mehrere Monate voller Trauer, die wir manchmal als Krankheit deuteten, bis sich dieser Hund von seinem Herrchen lossagte.

Der Verlust des Herrn ist übrigens für den sensiblen Dobermann immer ein Ereignis, das ihn psychisch aus der Bahn werfen kann. Nach der engen Bindung an eine Person wird der Hund gleichsam entwurzelt, Reaktionen depressiver oder aggressiver Art, je nach Veranlagung des Hundes, sind nicht selten. Ein Grund mehr, die Kaufentscheidung für einen Dobermann nicht leichtfertig zu treffen.

▶ Jagen, Wildern, Ausflüge

Noch eine Eigenschaft des Dobermanns muß unbedingt erwähnt werden, nämlich seine Jagdleidenschaft. Man findet kaum Dobermänner, die auf Bewegungen von Hasen, Kaninchen, Katzen o.ä. nicht reagieren. Man hat manchmal den Eindruck, als warte der Hund förmlich darauf, loszustarten, wenn er mit gespitzten Ohren die Umgebung nach irgendwelchen Bewegungen absucht.

Wird diese Jagdneigung nicht von Anfang an unterbunden, so ist mit längeren Unterbrechungen des Spaziergangs zu rechnen, ganz zu schweigen von den unerwünschten Eingriffen in den Lebensraum anderer Tiere. Wildernde Hunde dürfen vom Förster getötet werden. Außerdem bringt ein

solcher Hund sich und andere (z. B. Verkehrsteilnehmer) in Gefahr. Nach meinen Erfahrungen ist diese Neigung nur dem jungen Hund auszutreiben, wobei man rigoros vorgehen muß, damit man ihm die Sache verleidet. Wird der Trieb ungebremst stärker, so ist ein gefahrloser Spaziergang nur noch an der Leine möglich.

An dieser Stelle möchte ich noch einmal an die Schleppleine erinnern. Dieser »verlängerte Arm« des Hundeführers ist für den jungen Dobermann unbedingt zu empfehlen. Erst in späterem Alter und bei entsprechenden Fortschritten in der Ausbildung sollte der Hund frei laufen dürfen. Auch dann sollte man sich immer wieder mit dem Dobermann beschäftigen, nur so kann man ihn dauerhaft an sich binden. Bei Langeweile kommt er auf dumme Gedanken.

▶ Apportieren

Ein Junghund sollte stets gut beschäftigt werden. Da der Dobermann gerne

Alle Apportierübungen machen Dobis viel Freude.

Gegenstände herumträgt, ist das Apportieren eine sinnvolle Beschäftigung. Zunächst bietet sich das Apportieren eines Balles an. Wir werfen den Ball fort, und der Hund holt ihn mit großer Freude. Bringt er ihn zu uns zurück, so sollten wir nach der Ballabgabe niemals das Spiel sofort beenden. In der Sprache des Hundes würde das bedeuten: Wenn ich den Ball zurückbringe, ist das Spiel sofort aus. Also spiele ich lieber allein mit dem Ball weiter.

Vielmehr sollte man das Spiel fortsetzen, sobald man den Ball in Händen hat. So erfährt der Hund eine Motivationssteigerung.

Das Apportieren einer Zeitung könnte eine Übung sein, die sich daran anschließt. Die Lektion könnte etwa in der Art ablaufen, daß ein Familienmitglied dem Hund die (zunächst alte) Zeitung ins Maul gibt mit dem Kommando: »Bring sie Herrchen/Frauchen!« Der Partner lockt den Hund und belohnt ihn mit einem Leckerchen und vielen lobenden Worten.

Schon nach wenigen Übungseinheiten wird der Dobermann seine Aufgabe fehlerfrei durchführen.

▶ Halsband und Leine

Um den Welpen ausführen zu können, muß man ihn an Halsband und Leine gewöhnen. Die meisten Welpen sind vom Halsband zunächst gar nicht begeistert. Sie setzen sich häufig hin und versuchen, das lästige Ding durch Kratzen mit der Pfote zu entfernen. Deshalb sollte der Welpe schon im Haus unter Aufsicht an das Halsband gewöhnt werden. Unter Aufsicht deshalb, damit der kleine Hund nirgend-

wo mit dem Halsband hängenbleibt und sich stranguliert. In der Regel verläuft die Gewöhnung an das nicht zu fest sitzende Lederhalsbändchen schnell und problemlos. Muß der Welpe aus verkehrstechnischen Gründen an einer Leine ausgeführt werden, sollte man sich für die ersten Male mit viel Geduld wappnen. Immer wieder wird der Welpe sich weigern weiterzulaufen oder sich hinsetzen. Er fühlt sich in seiner Freiheit eingeengt und zeigt seinen Protest deutlich. Durch freundliches Locken in Worten oder mit einem Leckerchen läßt sich der Spaziergang fortführen. Man sollte auf jeden Fall vermeiden, den Hund mit Gewalt hinter sich herzuziehen. Nach dem Motto »Druck erzeugt Gegendruck« wird der Welpe dadurch erst recht störrisch.

Der Spaziergang muß für den Welpen ein freudiges Ereignis bleiben. Wenn er seinen Herrn mit der Leine in der Hand sieht, muß er überschäumen vor Begeisterung – sonst hat der Mensch einen entscheidenden Fehler in der Erziehung gemacht.

▶ Leinenführigkeit

Der Welpe wird zunächst nur angeleint, um ihn vor möglichen Gefahren (z.B. im Straßenverkehr) zu schützen. Es kommt noch nicht darauf an, daß er »bei Fuß« geht.

Hat man eine gute Bindung zu seinem Hund aufgebaut, so wird er auch in zunehmendem Alter stark auf den Führer bezogen bleiben und nicht an der Leine ziehen, als wolle er vor uns flüchten. Zeigt der Junghund dieses Ziehen, so sollte man nicht mit rigorosen Erziehungsmitteln wie Würge- oder Stachelhalsband arbeiten. Vielmehr bringt ein kurzer Ruck an der Leine mit anschließendem Lockerlassen in der Regel schon Erfolge. Dazu sollten wir versuchen, den Hund auf uns zu fixieren, indem wir häufig die Richtung ändern.

▶ Sitz

Diese Übung ist eine der leichtesten, leider werden aber immer wieder Hundeführer völlig falsch angeleitet. Versucht man nämlich, den Hund mit einem Hochziehen der Leine und gleichzeitigem Druck auf die Kruppe zum Sitzen zu bringen, so erzeugt man im Hund einen Gegendruck. Er wird zum »Sitz« gezwungen, und entsprechend ungern wird er in Zukunft immer diese Übung ausführen. Dabei macht fast jeder Hund das »Sitz« bereits als Welpe wie von selbst. Man benötigt dazu nur ein Leckerchen, mit dem man den Hund lockt. Steht der Welpe vor uns und fixiert das Leckerchen, so ziehen wir es langsam ein wenig nach oben mit dem Hörzeichen »Sitz«. Hat er das Hörzeichen ausgeführt, wird er mit dem Leckerchen belohnt. Schon nach wenigen Übungen macht der Welpe diese Übung auf Hörzeichen.

▶ Platz, Leg dich, Bleib

Die Hörzeichen »Platz« und »Leg dich« beinhalten die gleiche Übung, jedoch mit unterschiedlicher Bedeutung. Das Kommando »Platz« ist ein ausschließender Befehl. Der Hund hat sich unverzüglich hinzulegen und an dieser Stelle regungslos zu verharren, bis wir ihn durch ein anderes Hörzeichen freigeben. »Platz« sollte man nur anwenden, wenn es zwingend erforderlich ist, z. B. bei der Ausbildung

auf dem Hundeplatz. In allen anderen Situationen benutzt man »Leg dich«. Das bedeutet, der Hund hat einen gewissen Spielraum bei der Ausführung. Er muß nicht auf einer Stelle liegenbleiben, er kann sich wälzen, sich nach links oder rechts drehen, sich eine andere Stelle zum Hinlegen suchen. »Leg dich« ist ideal zu benutzen zu Hause, im Restaurant, beim Ausruhen auf einer Bank nach einem Spaziergang usw.

Der Hund lernt sehr schnell, die Unterschiede zu differenzieren. Doch

> ### ▶ TIP
>
> *Eine ganz einfache, natürliche Methode ist folgende: Nach ausgiebigem Spiel oder Spaziergang, wenn der Hund sowieso das Bedürfnis hat, sich hinzulegen, setzt man sich auf den Boden, ruft den Hund zu sich, weist mit der Hand auf den Boden und wiederholt das »Leg dich« oder »Platz« so lange, bis der Hund sich gelegt hat. Dann wird er mit Worten und Streicheln und häufiger Wiederholung des Kommandos gelobt. Der Hund verknüpft: »Platz« ist etwas Positives. Diese Übung kann man schon vom Welpenalter an stetig wiederholen, wobei man mit zunehmendem Alter die Hilfen allmählich abbaut.*

zunächst geht es um den Weg, beim Hund eine Verknüpfung herzustellen zwischen dem Hörzeichen und der dazugehörigen Ausführung. Es gibt einige Methoden. Die meisten beinhalten eine Einwirkung auf den Hund mit körperlichem Zwang. Häufig sieht man, daß der Hundeführer dem Hund die Beine unter dem Bauch wegzieht und ihn mit den Händen auf den Boden drückt – in Verbindung mit dem Hörzeichen. Daß dieser Weg natürlich vom Hund als äußerst unangenehm empfunden wird, kann jeder nachvollziehen. Der Hund befindet sich in einer Zwangslage, er ist deshalb nicht in einer positiven Lernstimmung.

Ein anderer oft propagierter Weg ist, den Hund zunächst sitzen zu lassen, um ihn dann mit Leckerchen zum Liegen zu bringen. Zwischen den Vorderläufen des sitzenden Hundes führt man die Hand mit dem Leckerchen zum Boden. Diese Handlung wiederholt man in Verbindung mit dem Hörzeichen so oft, bis der Hund sich hinlegt. Sie erfordert viel Geduld, ist jedoch für den Hund angenehmer.

Bei der Übung »Bleib« entfernen wir uns von dem sitzenden oder liegenden Hund. Mit dem Hörzeichen »Bleib« und der ausgestreckten Hand, die das akustische Signal unterstützt, gehen wir rückwärts vom Hund weg. Zunächst sind es nur wenige Schritte, später wird die Distanz immer größer. Man kann den Hund anfangs an der Leine halten oder auch eine andere Person an der Seite des Hundes belassen.

Immer wird der Hund abgeholt und gelobt. In dieser Lernphase sollte man den Hund nie zu sich heranrufen. Anstatt sein Ausharren zu belohnen, würde damit sein Hinterherkommen bestätigt. Der Lernprozeß würde dadurch für den Hund erschwert.

▶ Steh

Diese Übung begreift der Hund sehr schnell. Man greift dabei unter den Bauch des Hundes und sagt in einem ruhigen Ton »Steh«. Dann kann man den Hund z. B. kämmen, man kann ihn abduschen, wenn er verschmutzt nach Hause gekommen ist, sein Fell nach Parasiten durchforsten usw.

Für den Ausstellungs-Dobermann ist es nützlich, diese Übung sehr früh zu erlernen, damit er sich später auf der Ausstellung gelassen präsentiert.

Freizeitpartner Dobermann

Freizeitpartner Dobermann

Mit dem Dobermann erwirbt man einen Hund, der Freude an der Bewegung hat und viel Auslauf benötigt. Er ist jederzeit bereit, ihm gestellte Aufgaben zu erfüllen. Auf Grund seines Temperaments, seiner großen Lernfreudigkeit, seiner hohen Führigkeit, seiner ungeheuren Ausdauer und Schnelligkeit ist der Dobermann sehr vielseitig verwendbar.

▸ Ist mein Hund fit für den Sport?

☐ Sport sollte erst betrieben werden, wenn das Wachstum der Knochen abgeschlossen ist (mit ca. zwölf Monaten).

☐ Der Hund sollte nicht mit HD oder ED belastet sein.

☐ Der Hund hat kein Übergewicht.

☐ Der Tierarzt hat ihn für gesund befunden.

Wenn Sie selbst Freude an der sportlichen Betätigung haben, gibt es vielfältige Möglichkeiten, Ihren Dobermann zu trainieren oder auszubilden. Doch bevor Sie mit irgendeiner Ausbildung beginnen, sollten Sie sich theoretisch mit dieser Aufgabe auseinandersetzen. Besorgen Sie sich entsprechende Literatur, lassen Sie sich im Dobermann-Verein oder in einem Hundesportverein beraten. Sie können sich selbst und vor allem Ihrem Hund viele Probleme und Negativerlebnisse ersparen, wenn Sie sich frühzeitig sachkundig machen.

Aus Berichten über die Anfangsjahre der Rasse wissen wir, daß Dobermänner ihrem Herrn erfolgreich als Jagdhunde zur Seite standen. Auch ist es Schäfern gelungen, Dobermänner als Hütehunde auszubilden. Diese Hunde sind aber als Ausnahmeerscheinungen anzusehen. Im Zweiten Weltkrieg wurde der Dobermann als Meldehund eingesetzt. In den Vereinigten Staaten werden Dobermänner als Blindenhunde ausgebildet und geführt. Die klassischen Aufgabenbereiche des Dobermanns liegen jedoch dort, wo er seinen vorzüglichen Geruchssinn einsetzen kann, und auf den Gebieten, in denen seine Ausdauer und Schnelligkeit gefordert sind, nicht zu vergessen natürlich die Bereiche, in denen Mut, Selbstsicherheit und Unbestechlichkeit unabdingbare Voraussetzungen sind.

▶ Der Sporthund

Die alltägliche Beschäftigung und Bewegung mit dem Dobermann ist sicherlich das Spazierengehen. Vom Welpen bis zum einjährigen Hund ist ein Spaziergang auch die angemessene Bewegungsart für das sich entwickelnde Knochengerüst. Für den Welpen sollten die Bewegungseinheiten entsprechend seiner Belastbarkeit mit 15 bis 20 Minuten mehrmals täglich anfangen. Falls in der näheren Umgebung ein etwa gleichaltriger Welpe wohnt, so sind Spaziergänge teilweise durch Spieleinheiten der Hunde zu ersetzen. Dieses Herumtollen, Balgen und Nachlaufen ist die artgerechteste Form der Bewegung. Diese Betätigung findet ihre Fortsetzung in den Welpenschulen oder Hundekindergärten, wie im vorigen Kapitel beschrieben.

Mancher Hundeliebhaber wird feststellen, daß es seinem Dobi viel Spaß macht, etwas zu lernen. Er wird sich mit dem Programm des Welpenkurses und den dort angebotenen Gehorsamsübungen nicht zufriedengeben. Ihm steht eine breite Palette an Möglich-

Gemeinsam trainieren macht allen Spaß.

Ein Spaziergang durch den Wald verschafft viele neue Eindrücke.

keiten zur sportlichen Betätigung offen, aus der er sich die passende aussuchen kann.

▶ Begleithundprüfung

Die heutige Umwelt stellt durch die immer dichtere Besiedlung und den

---

TIP

Einige Gemeinden gewähren für Hunde, die eine Begleithund-prüfung absolviert haben, einen günstigeren Hundesteuersatz.

---

zunehmenden Verkehr in besonderem Maße Anforderungen an Mensch und Hund. Damit es keine Komplikationen bei der Bewältigung dieser Umwelt-situationen gibt, wurde die BH konzi-

piert. Ihr wesentlicher Bestandteil sind die Gehorsamsleistungen des Hundes. Sie werden sowohl auf dem Übungs-platz als auch auf einer belebten Stra-ße mit Passanten und motorisierten Verkehrsteilnehmern überprüft. Wich-tig ist dabei die Unbefangenheit des Hundes in den einzelnen Prüfungs-situationen. Die erfolgreich abgelegte BH ist Grundvoraussetzung für die Teilnahme an ZTP oder SchH-Prü-fungen.

▶ Schutzhundprüfungen

Die meisten Dobermänner werden auf Schutzhundprüfungen (SCHH) ge-führt. Für einen Anfänger ist es beson-ders wichtig, daß er sich zunächst ein-gehend mit den theoretischen Grund-lagen dieser Ausbildung auseinandersetzt. Ich verweise in diesem Zusammenhang auf die sehr umfangreiche Literatur und entsprechendes Filmmaterial. Darin befaßt man sich mit der Ausbildung und gibt dem Neuling das nötige Rüstzeug mit auf den Weg. Während man sich theoretisch vorbildet, sollte man auch auf diversen Hundesportplätzen versierten Hundeführern bei ihrer Ausbildungsarbeit zuschauen. Dabei, sowie bei anschließenden Gesprächen zu Ausbildungsthemen, kann man sich einiges an theoretischem Grundwissen aneignen.

Beginnt man mit seinem Hund mit der Ausbildungsarbeit, sollte man sich jeden Übungsschritt, den man macht, genau überlegen. Ein Dobermann lernt schnell und gut, er vergißt fast nichts, positive Dinge so wenig wie negative. Seien Sie ruhig und ausgeglichen, wenn Sie mit dem Hund trainieren. Aggressive Stimmungen übertragen sich auf den Hund genauso wie Nervosität und Hektik. In einer solchen Stimmung ist dem Hund das Lernen erschwert. Schlechte Hundeführer, die über wenig Sachverstand verfügen, deuten das Verhalten des Hundes dann als »Sturheit«. Geht der Hundeführer jedoch mit gutem Einfühlungsvermögen vor, arbeitet er ruhig und mit Freude, so ist der Erfolg programmiert.

Lassen Sie sich auch nicht von Vereinsmitgliedern, den Ausbildern oder von Ihrem eigenen Ehrgeiz hetzen. Beachten Sie bei allen Übungen immer Ihren Dobermann. Geht er freudig, die Rute hoch erhoben? Dann liegt eine positive Lernstimmung vor. Oder hat er die Ohren zurückgelegt, die Rute eingezogen, schleicht er neben Ihnen her, oder kriecht er gar fast am Boden? Solche Situationen sollten bei einem guten Verhältnis zwischen Mensch und Hund nicht auftreten. Halten Sie sich bei der Ausbildung vor Augen, daß Ihr Dobermann Sie in erster Linie für viele Jahre begleiten soll, er soll Ihr Freund und nicht Ihr Sklave sein.

Bei Schutzhundprüfungen in den aufeinander aufbauenden Stufen I, II und III müssen Hundeführer und Hund jeweils drei verschiedene Abteilungen bewältigen: Abteilung A: Fährtenarbeit, Abteilung B: Unterordnungsleistungen, Abteilung C: Schutzdienst.

Teil der Schutzhundausbildung ist die Überprüfung in Abteilung C, dem Schutzdienst.

Die Ausführungen dazu sind der jeweils gültigen Prüfungsordnung des VDH zu entnehmen.

▶ Internationale Prüfungsordnung

In den letzten Jahren ist auch in der Bundesrepublik Deutschland das Interesse an Leistungsprüfungen nach der Internationalen Prüfungsordnung (IPO) gestiegen. Diese ist von der FCI herausgegeben worden, um eine einheitliche PO für die Hundeführer im internationalen Vergleich zu haben. Früher waren die Ergebnisse eines Wettkampfes auf internationaler Ebene verzerrt, da die nationalen Prüfungsordnungen teilweise recht unterschiedliche Anforderungen enthielten. Teilnehmer internationaler Veranstaltungen mußten sich oft innerhalb kurzer Zeit auf neue und andere Forderungen umstellen und konnten dabei ihr wahres Leistungsvermögen nicht zeigen. Durch ein konsequentes Arbeiten nach der IPO soll erreicht werden, daß die Wettkämpfe chancengleicher durchgeführt werden und damit dem wahren Leistungsvermögen entsprechende Ergebnisse bringen.

Die FCI richtet jährlich die Weltmeisterschaft aus, wobei dem Sieger der Titel »Weltmeister« verliehen wird.

Die IPO ähnelt in ihren Ausführungsbestimmungen der SchH-Prüfung (siehe Prüfungsordnung).

▶ Fährtenhundprüfung

Eine Fährtenhundprüfung (FH) kann der Hund ablegen, wenn er die BH-Prüfung erfolgreich abgelegt hat. Fährtenhunde müssen eine mindestens drei Stunden alte Fremdfährte mit einer Länge von 1000 bis 1400 Schritt ausarbeiten, die sechs rechte Winkel aufweist. Sie sollen vier Gebrauchsgegenstände finden, die auf der Fährte abgelegt sind. Die Fährte wird mehrfach von frischeren Fremdfährten geschnitten, sie führt außerdem durch verschieden bewachsenes Gelände und überquert eine begangene, feste Straße. Die FH bedeutet die Meisterprüfung in der Nasenarbeit.

Für den Neuling hören sich die Anforderungen an den Hund ungeheuer schwer an. Man muß sich jedoch vor Augen halten, daß Hunde zu den Tieren gehören, die sich in ihrer Umwelt nach dem Geruch, also mit ihrer Nase, orientieren. Jeder Hund bringt von Natur aus unterschiedlich gute Anlagen zum Fährten mit. Diese zu fördern und zu verbessern, ist die Aufgabe des Hundeführers. Als grobe Faustregel kann man dabei sagen: je früher ein Hund an die Fährtenarbeit herangeführt wird, um so größer sind die Aussichten auf Erfolgserlebnisse für Hund und Hundeführer.

Die Fährtenhundprüfung kann wie die Schutzhundprüfung sowohl in den Hundesportvereinen als auch in den Rassezuchtverbänden abgelegt werden.

Der Hund ist ein nasen- und ohrenorientiertes Tier. Bei der Fährtensuche werden die Riechzellen gefordert.

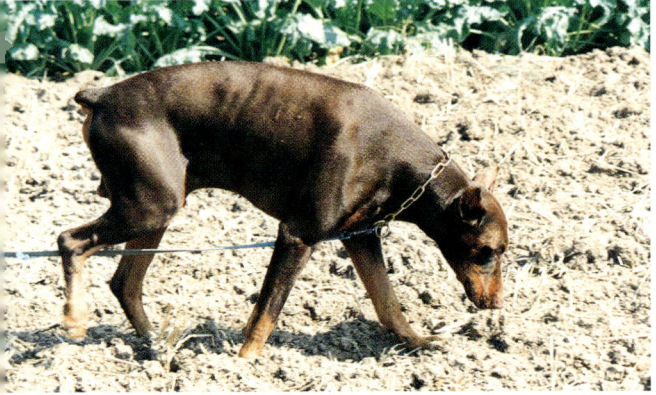

Die Bestimmungen zur Durchführung der FH-Prüfung sowie aller anderen Prüfungen regelt die jeweils gültige Prüfungsordnung (PO) des VDH.

▶ Laufen am Fahrrad

Begeisterung werden Sie bei Ihrem Dobermann feststellen, wenn Sie ihn am Fahrrad laufen lassen. Nach größeren Distanzen, wenn andere Hunde Ermüdungserscheinungen zeigen, scheint er erst richtig warm zu werden. Er ist, im wahrsten Sinne des Wortes, nicht kleinzukriegen.

Im Alter von zehn bis zwölf Monaten, wenn das Wachstum des Knochengerüstes abgeschlossen ist, kann man damit beginnen, den Dobermann am Fahrrad kurze Strecken laufen zu lassen. Man braucht dazu für den Hund ein etwa 3–4 cm breites Lederhalsband und eine Führleine von ca. 1 m Länge.

Zunächst gewöhnt man den Hund an das Fahrrad durch einen kurzen Spaziergang mit dem Hund in der rechten Hand, dem Fahrrad in der linken Hand.

Diese Übung ist so lange fortzusetzen, bis sich der Hund dem Fahrrad gegenüber neutral verhält, d. h. weder Angst noch Aggression zeigt. Suchen Sie sich möglichst Feld- oder Waldwege aus, auf denen Ihr Hund frei und ohne Leine laufen kann. Fahren Sie selbst in gemäßigtem Tempo, und lassen Sie dabei den Hund seine Gangart selbst bestimmen. So ist es dem jungen Hund möglich, die Muskulatur seines gesamten Bewegungsapparates zu fördern und weiter auszubauen.

Auf befahrenen Straßen führen Sie Ihren Dobermann grundsätzlich rechts neben dem Fahrrad, also vom Straßenverkehr abgeschirmt. Liefe er an der linken Seite des Fahrrades, könnte er, durch ihn reizende Faktoren veranlaßt, plötzlich einen Sprung in die Straße machen und sich selbst und Sie vor ein Auto reißen.

Achten Sie darauf, daß Ihr Dobermann nie über längere Strecken in einer Gangart läuft. Die Muskulatur, und zwar vor allem die des Rückens, wird dadurch zu einseitig belastet. Dies kann zu anatomischen Schäden und Verletzungen führen. Sie sollten Ihren Hund allmählich an asphaltierte Straßen gewöhnen. Untrainierte Hunde, die längere Strecken über Asphalt galoppieren, laufen sich dabei

Dobis lieben jede Art von Bewegung – hier Zugtraining im Gespannwagen.

leicht die Ballen wund. Beim Trab sind die Pfoten weniger gefährdet.

AUSDAUERPRÜFUNG ▶ Wollen Sie die Fitneß Ihres Dobermanns im Laufen am Fahrrad unter Beweis stellen, so können Sie ab 14 Monaten die Ausdauerprüfung (AD) mit ihm machen. Die AD kann entweder im DV abgelegt werden oder in einem anderen Rassezuchtverein, der diese Prüfung nach den Regeln der AZG abhält (z. B. Rottweiler-Klub, Boxer-Klub etc.). Ein Mindestalter von 14 Monaten, die gültige Ahnentafel des DV, der Mitgliedsausweis des DV, der Impfpaß mit der gültigen Tollwutimpfung und

die Leistungskarte des Hundes sind am Prüfungstag vorzulegen.

Die AD umfaßt das Laufen einer Strecke von 2 x 10 km mit 15minütiger Pause, eine kurze Leinenführigkeit in verschiedenen Gangarten sowie das zweimalige Überspringen einer 1 m hohen Hürde. Die Bewertung erfolgt mit »bestanden« oder »nicht bestanden«.

Es ist zu empfehlen, den Dobermann durch regelmäßiges Training bei entsprechender Witterung langsam an größere Distanzen zu gewöhnen. Treffen Sie sich hin und wieder mit anderen Dobermannbesitzern, und machen Sie kurze Touren mit anderen

Eine verantwortungsvolle Aufgabe für den Hundeführer und den Hund: die Arbeit als Rettungshundeinsatzteam.

Hunden gemeinsam. Ein Dobermann möchte immer als erster vorneweg laufen. Gewöhnen Sie ihn allmählich an das Laufen in der Gruppe. Der Hund zieht sich sonst in seinem Drang, nach vorne zu kommen, derart den Hals zu, daß es schnell zu einem Kreislaufkollaps kommen kann. Richtig vortrainiert, ist die AD von einem Dobermann spielend zu absolvieren.

Die erfolgreich abgelegte AD muß vor der Zulassung zur Körung nachgewiesen werden.

▸ Schlittenhundrennen

In den skandinavischen Ländern nimmt der Wintersport, bedingt durch die langen und harten Winter, eine zentrale Stellung in der Freizeitbetätigung der Menschen ein. Hundeliebhaber und speziell auch Dobermann-Freunde können ihre Hunde an dieser Sportart teilhaben lassen. Die Hunde werden vor Schlitten gespannt, die mit 30 kg Last beladen sind. Während der Hundeführer selbst auf Skiern dem Ziel zustrebt, läuft der Hund mit dem Schlitten voraus. Angefeuert von den Zurufen seines Führers, bewältigt er Distanzen zwischen 5 und 30 km. Dabei hat sich gezeigt, daß der Dobermann über eine enorme Schnelligkeit und Ausdauer verfügt. Die extreme Kälte macht ihm trotz seines kurzen Haarkleides nichts aus. Es ist sicherlich für viele erstaunlich, daß bei diesen Rennen auf den ersten Plätzen ständig Dobermänner zu finden sind.

▸ Rettungshundtauglichkeitsprüfung

Bei der RHT soll die voraussichtliche Eignung des Hundes zur Rettungshundausbildung festgestellt werden.

Nicht jeder Hund, der die RHT bestanden hat, ist später auch als Rettungshund geeignet. Umgekehrt ist sie aber auch nicht Voraussetzung für die RH-Ausbildung. Überprüft werden bei der RHT die Fährtenarbeit sowie Gehorsamsleistungen. Beide Bereiche werden unter Einwirkung von Störeffekten, also bei besonderer Belastung des Hundes, getestet. Feuer, starke Rauchentwicklung, Geräuschkulissen verschiedenster Art, Personengruppen und das Überwinden von Hindernissen dürfen den Hund nicht beeindrucken oder zur Arbeitsverweigerung veranlassen.

▸ Rettungshundeausbildung

In der Schweiz ist das Rettungshundewesen seit vielen Jahren wichtiger Bestandteil im Katastrophenschutz. Dort findet man, neben vielen anderen Hunderassen, auch Dobermänner, die als Rettungshund (RH) ausgebildet wurden und erfolgreich eingesetzt werden. In der BRD ist der Bundesverband für das Rettungshundewesen e. V. anerkannt, der auch Mitglied des VDH ist. Auch andere Institutionen, wie z. B. der Arbeiter-Samariterbund und das Deutsche Rote Kreuz etc. bilden Hunde und Hundeführer aus.

Diese Ausbildung ist nicht vergleichbar mit irgendeiner Sportart, die man mit dem Hund betreiben kann. Es ist das Ziel der Ausbildung eines Rettungshund-Einsatzteams (RH), welches aus dem Rettungshundeführer (RHF) und dem Rettungshund (RH) besteht, Menschenleben zu retten. In ca. zweijähriger Ausbildung wird das Team auf praktische Einsätze vorbereitet. Dabei umfaßt die Grundausbildung des Hundes zwei Sparten: die

Flächensuche und die Trümmersuche. Hier werden von den Hunden Eigenschaften wie Einsatzfreude, Arbeitswille, Lernbegabung, Wesenssicherheit, Mut, Härte, guter Spür- und Stöbertrieb sowie ein enger Kontakt zum Hundeführer gefordert.

Auch der Hundeführer wird durch intensive Schulungen auf seine verantwortungsvolle Aufgabe vorbereitet. U. a. erhält er eine Ausbildung in folgenden Bereichen: Bergung von Personen, Sofortmaßnahmen am Unfallort, sonstige Versorgung von Verletzten, Erste Hilfe am Hund, Karten- und Kompaßkunde, Funkausbildung, Hubschraubertauglichkeitsübungen usw. Es versteht sich von selbst, daß zu einer Rettungshundausbildung nur wenige Hunde geeignet sind.

▶ **Polizei- und Militäreinsatz**

In einigen Ostblockstaaten und verschiedenen europäischen und außereuropäischen Ländern findet man Dobermänner im Einsatz bei Polizei und Militär. Bei uns in Deutschland ist der Anteil der Dobermänner bei den genannten Institutionen relativ gering. Die Ursachen hierfür sind vor allem im Anschaffungspreis zu sehen, der deutlich über dem von den Behörden vorgegebenen Rahmen liegt, und in der geringen Anzahl der gezüchteten Hunde, von denen immer nur wenige für diese Spezialaufgaben tauglich sind. In NRW z. B. sind in verschiedenen Diensthundstaffeln der Polizei einige Dobermänner aus bekannten Leistungslinien im Einsatz.

Die Ausbildung bei Polizei und Militär umfaßt verschiedene Aufgabengebiete. Alle Spürhundausbildungen (Rauschgift, Fährten, Leichen,

Sprengstoff, Lawinen) sprechen besonders die Belastbarkeit des Hundes, seine Nervenfestigkeit, seinen ausgeprägten Spieltrieb, sein ausgeglichenes Wesen und sein enormes Riechvermögen an. Ein Hund hat 300 Millionen Riechzellen, während der Mensch lediglich 5 Millionen aufweisen kann.

Der Einsatz bei Polizei und Militär verlangt vom Hund eine enorme physische und psychische Belastbarkeit. Deshalb stehen bei der Auswahl solcher Hunde Verhaltensmerkmale an erster Stelle, das Exterieur ist nebensächlich. Beim Einsatz von Diensthundführer und Hund in der Kriminalitätsbekämpfung (präventiv wie auch repressiv) müssen beide ein zuverlässiges Team bilden. Neben dem schon genannten Riechvermögen ist auch die Hörleistung des Hundes mit 47 kHz derjenigen des Menschen (bis zu 20 kHz) weit überlegen. Solche Diensthunde sind keine Zwingerhunde. Ihre Einsatzfähigkeit hängt sehr von ihrem Verhältnis zur Bezugsperson ab. Sie werden darum bewußt als Familienhund gehalten.

▶ **Wachhundprüfung**

Wie schon bei der BH steht auch bei der WH die Gehorsamsleistung des Hundes im Vordergrund. Außerdem werden noch seine Wachsamkeit und seine Verteidigungsbereitschaft gegenüber Fremden überprüft. Diese Prüfungsart wird in der Regel nur von Diensthunden bei Bewachungsunternehmen abgelegt.

▶ **Turnierhundsport**

In den Mitgliedsvereinen des dhv wird seit etlichen Jahren auch Turnierhundsport mit dem Hund intensiv betrieben. Er wurde vom swhv ins Leben gerufen. Inzwischen ist der Turnierhundsport in der gesamten BRD in die Ausbildungsarbeit der einzelnen Verbände der AZG übernommen worden.

Diese Sportart ist sowohl für Hunde aller Altersstufen und Größen als auch für Hundehalter aller Altersklassen hervorragend geeignet.

Mensch und Hund sollen gleichermaßen sportlich aktiv sein, sollen in gemeinsamen Übungen ihre Kondition und Koordinationsfähigkeit unter Beweis stellen. Dies geschieht durch motorische Aktivitäten, die nach Fehlerpunkten und Zeit bewertet werden. Die gemeinsame Leistung von Hund und Hundeführer bei Langstreckenläufen, Gehorsamsübungen, Hindernisrennen, Slalomläufen und Hürdensprüngen steht auf dem Programm. Ein Start in einzelnen Disziplinen ist auch möglich.

Die körperliche Ertüchtigung des Teams bereitet Spaß und Selbstbestätigung. Da der Hund dabei auch Gehorsam erlernt, wird er zu einem noch angenehmeren Freizeitpartner. Der Dobermann ist als athletischer Hund für diese Zwecke bestens geeignet.

▶   **Agility**

Auch Agility fordert den Hundeführer (HF) und den Hund als Team. Es geht dabei vor allem um den Gehorsam des

Eine erfolgreiche Mannschaft: Leistungs-Vize-weltmeister des Internationalen Dobermann-Clubs (IDC)

Hundes und die entsprechende Geschwindigkeit bei der gemeinsamen Überwindung eines Parcours. Je nach Leistungsstand sind bis zu 20 Hindernisse auf einer 100 bis 200 m langen Strecke aufgebaut. Während der HF an den Geräten vorbeiläuft, muß der Hund durch Stofftunnel kriechen, durch Reifen springen, sich durch eng gesteckte Slalomstangen winden, über eine Wippe laufen, auf einen Tisch springen und Hürden überwinden. Dabei sollten HF und Hund immer auf gleicher Höhe sein. Eine mechanische Einwirkung des HF ist nicht möglich, da der Hund in einem Turnier immer ohne Leine und Halsband geführt wird. Diese Sportart stellt eine enorme Belastung für die Knochen, Bänder, Sehnen und Gelenke des Hundes dar. Vor allem in der Wachstumsphase sollte der Dobermann-Besitzer zum Wohle der Gesundheit seines Hundes auf diese Sportart verzichten.

▶ Flyball und Frisbee

Flyball und Frisbee sind Sportarten, die in letzter Zeit populär wurden. Sie sind besonders für den extrem spielfreudigen Hund geeignet, der nur mittelgroß wird. Alle großwüchsigen Rassen, zu denen auch der Dobermann zählt, sollten sehr vorsichtig an diese Freizeitbetätigungen herangeführt werden, um nicht Achillessehnenabrisse sowie Kreuzbandrisse zu riskieren.

▶ Hundeausstellungen

Nach ca. einem halben Jahr ist aus dem tolpatschigen Welpen schon ein wohlgeformter Junghund geworden. Ihm wird in seiner Umgebung viel Beachtung und Bewunderung entgegengebracht. Da liegt es nahe, daß der Besitzer ihn gerne auf eine Ausstellung dem interessierten Publikum sowie einem Formwertrichter zur Beurteilung präsentieren möchte.

Bevor man mit seinem Dobermann an einer solchen Zuchtschau oder Ausstellung teilnehmen kann, gilt es, bestimmte organisatorische Dinge zu erledigen. Der Neuling bekommt die notwendigen Informationen vom Züchter seines Hundes oder von seinen Vereinskameraden. Der Zugang zu Ausstellungen steht allen Hundebesitzern offen, die Mitglied in einem vom VDH und der FCI anerkannten Verband sind.

Mit dem Besuch von Ausstellungen kann man schon im frühesten Jugendalter beginnen. Zwischen 6 und 9 Monaten kann der Hund in der Jüngstenklasse ausgestellt werden. Danach startet er mit 9 bis 18 Monaten in der Jugendklasse. Ab 15 Monaten kann er in der Offenen Klasse starten. Das Alter in dieser Klasse ist nach oben hin offen. Jeder Dobermann, der mindestens die SchHI-Prüfung abgelegt hat, kann ab 15 Monaten auch in der Gebrauchshundklasse antreten. Dobermänner, die einen Siegertitel errungen haben, dürfen in der Championklasse gemeldet werden. Für Hunde, die älter als 8 Jahre sind, gibt es außerdem noch die Veteranenklasse.

Die 4 besten Hunde einer Klasse werden plaziert vom 1. bis zum 4. Platz, wenn sie mindestens mit der Formwertnote »Gut« beurteilt worden sind.

Um sich selbst und den Hund an den anstrengenden Ausstellungstag zu gewöhnen, sollte man als Neuling als erstes eine CAC-Schau des DV besuchen. Dort ist der Rahmen wesentlich kleiner und gemütlicher, es werden nur Hunde einer Rasse ausgestellt und für Hund und Herrchen/Frauchen ist eine solche Schau angenehmer. Auf einer Internationalen Schau (CACIB-Schau), wo sich oft mehrere tausend Hunde verschiedener Rassen tummeln, ist das Umfeld strapaziöser.

Zu jeder Schau, gleich ob in der Halle oder im Freien, sollte man für den Hund eine entsprechende Unterlage sowie eine Wasserschüssel mitnehmen. Lassen Sie sich vom Züchter sowie erfahrenen Ausstellern vor dem Besuch einer Ausstellung in das Stellen des Hundes einweisen, um ihn richtig präsentieren zu können. Nur ein Hund, der sich richtig zeigt, kann seine Vorzüge entsprechend zur Geltung bringen. Richtiges Stellen mit Schaukettchen und Vorführleine muß von klein an geübt sein, genau wie das Zeigen der Zähne. Die Richter kontrollieren bei jeder Schau das Gebiß des Hundes auf den korrekten Stand der Zähne (Scherengebiß) und auf seine Vollständigkeit (42 Zähne). Ein Hund, der sich weigert, sich vom Richter anfassen und ins Maul schauen zu lassen, kann nicht bewertet werden. Rüden müssen ebenso problemlos vom Richter die Hoden kontrollieren lassen.

Außerdem kann es vorkommen, daß extrem kleine oder große Hunde mit dem Körmaß vermessen werden. Auch daran sollte der Hund bereits gewöhnt sein. Hunde, die sich aggressiv gegenüber Menschen und anderen Hunden verhalten oder scheu sind, werden von der Schau ausgeschlossen oder in der Wertung zurückgestuft.

Der Aussteller eines Hundes muß Mitglied des DV sein, der Hund muß haftpflichtversichert und gegen Tollwut geimpft sein. Kranke Tiere und läufige Hündinnen sind nicht zugelassen.

Selbstverständlich sollte jeder Hundebesitzer die Vor- und Nachteile

Klasseneinteilung und Formwertnoten

Jüngstenklasse (6–9 Monate)

- vielversprechend (vv)
- versprechend (vsp)
- wenig versprechend (wv)

Jugendklasse (9–18 Monate)

- Sehr gut (Sg)
- Gut (G)
- Genügend
- Nicht genügend
- Ohne Bewertung

Offene Klasse, Gebrauchshundklasse und Championklasse

- Vorzüglich (V)
- Sehr gut (Sg)
- Gut (G)
- Genügend
- Nicht genügend
- Ohne Bewertung

seines Hundes genau kennen. Dies macht ihm dann das Richterurteil leichter einsichtig und verständlich. Ganz gleich jedoch, ob der eigene Hund auf den ersten oder letzten Platz gesetzt wird, für jeden Hundebesitzer sollte der eigene Hund der schönste und beste sein! Wer die Einstellung zu seinem Hund von solchen Ausstellungsbewertungen abhängig macht, der ist es nicht wert, einen Hund zu besitzen und von diesem geliebt zu werden.

Auch im Urlaub immer dabei: Dobermann-Junghund am Strand

Schwimmen

Auf den Spaziergängen kann man seinen Welpen bei entsprechender Witterung an Wasser heranführen. Bedingt durch die kupierte Rute, konnten Dobis in der Vergangenheit nicht so elegant im Wasser liegen und schwimmen wie Hunde mit Rute. Dies wird in Zukunft anders sein. Schwimmen ist eine sinnvolle sportliche Betätigung, die zur Kräftigung des Bewegungsapparates beiträgt. Spielerisch ans Wasser gewöhnt, z.B. durch Apportieren von Bällen oder Stöcken, wird der Hund immer wieder gerne ins Wasser gehen. Da Hunde von Natur aus schwimmen können, besteht normalerweise keine Gefahr bei solchen Schwimmeinheiten. Sie benötigen lediglich ein Handtuch, um den Hund anschließend trockenzufrottieren, bevor er wieder ins Auto einsteigt.

Ausreiten

Es ist natürlich auch möglich, mit Pferd und Dobermann auszureiten. Dazu gibt es jedoch einige Grundvoraussetzungen, die zur Sicherheit von Hund, Pferd und Umwelt erfüllt werden müssen. Der Dobi sollte schon im Welpenalter an Pferde gewöhnt werden. Das Pferd darf keine Angst vor Hunden haben bzw. schlechte Erfahrungen mit Hunden gemacht haben. Außerdem muß der Hund absolut im Gehorsam des Besitzers stehen. Das bedeutet, er kennt und befolgt die entsprechenden Kommandos. Außerdem darf er keine Jagdpassion zeigen. Von der Belastbarkeit und der Schnelligkeit her steht der Begleitung eines Pferdes durch einen ausgewachsenen Dobermann nichts entgegen. Ausführliche

Informationen finden sich in dem Buch »Mit Pferd und Hund unterwegs« (Schulte-Wöhrmann, Kosmos Verlag).

▶ Urlaub

Die schönste Zeit des Jahres für Ihren Dobermann und Sie ist die gemeinsame Urlaubsreise. Ein Dobermann, der im Haus gehalten wird und das zeitweise Alleinbleiben kennt, wird auch im Ferienhaus oder Hotel normalerweise keine Probleme bereiten. Fragen Sie grundsätzlich vor der Buchung nach, ob Ihr Hund erwünscht ist, und lassen Sie es sich bestätigen.

Informieren Sie sich rechtzeitig beim ADAC, dem Kreisveterinäramt oder den Konsulaten, welche Formalitäten und Impfungen Sie für Ihren Hund bei der Einreise in fremde Länder beachten müssen. Oft muß die Tollwutschutzimpfung mindestens vier Wochen zurückliegen, und es muß ein Maulkorb mitgeführt werden, an den man seinen Dobermann rechtzeitig gewöhnen sollte.

Ausgedehnte Wanderungen, Schwimmen, Restaurantbesuche etc. sind die Aktivitäten, die Sie mit Ihrem Hund durchführen können. Lediglich Museen und Kirchen verwehren ihm den Eintritt. Doch mit ein wenig Organisationstalent lassen sich auch solche Hindernisse überwinden.

Wenn Sie mit dem Flugzeug in den Urlaub reisen, bestehen Sie schon bei der Buchung darauf, daß der Hund mit Ihnen in derselben Maschine fliegt. Berücksichtigen Sie, daß Hunde in der Größe des Dobermanns eine spezielle Transportbox benötigen. Nähere Informationen erhalten Sie von den Fluggesellschaften.

▶ Urlaubsgepäck für den Dobermann

☐ Halsband mit Kapsel, in der Ihre Heimat- und Urlaubsadresse stehen

☐ Führleine (1 m)

☐ Flexi-Leine

☐ Ersatzhalsband

☐ Wasserschüssel

☐ Freßnapf

☐ gewohntes Futter in ausreichender Menge

☐ Dosenöffner

☐ gefüllter 5-l-Wasserkanister

☐ Schaumstoffkorb oder entsprechende Decke

☐ Handtücher für den Hund

☐ Bürste und Kamm

☐ Zeckenzange und Ungezieferhalsband

☐ gültiger Impfpaß

☐ evtl. benötigte Medikamente

☐ Checkkarte der Haftpflicht-Versicherung

☐ Spielzeug

Am liebsten ist sie
überall dabei.

Sie sich rechtzeitig nach einer entsprechenden Unterbringung für Ihren Vierbeiner umsehen. Am angenehmsten für den Hund in einer solchen Situation ist es, wenn er in heimischer Umgebung bleibt. Eine ihm vertraute Person sollte sich dann um ihn kümmern, das heißt, ihn einige Male täglich auslaufen lassen und ihn füttern.

Den Hund in eine Hundepension zu geben, halte ich für problematisch. Häufig verweigert er dort das Futter, jault vor Sehnsucht rund um die Uhr oder versucht, seinem »Gefängnis« zu entfliehen. Jede noch so gut geführte Pension kann die persönliche Zuwendung nicht ersetzen.

In unserem Bekanntenkreis haben sich einige Familien zusammengetan, um das Problem gemeinsam zu lösen. Verreist eine Familie, so bringt sie den Hund zu den Bekannten, die der Hund kennt. Dort findet er den vertrauten vierbeinigen Spielkameraden dieser Familie vor. Diese Form der gegenseitigen Hilfe vermeidet Trauer des Hundes und Kummer der Besitzer. Darüber hinaus garantiert sie eine optimale Betreuung, wie sie Fremde nicht geben können.

Beachten Sie die rechts stehende Checkliste für das Urlaubsgepäck, so steht dem gemeinsamen Erlebnis nichts mehr im Wege.

URLAUBSPFLEGE ► Wenn Sie jedoch ohne Hund verreisen wollen, müssen

Dobermänner züchten

Dobermänner züchten

Die Zuchtbestimmungen des DV basieren in großen Teilen auf den Zuchtrichtlinien des VDH. Dieser schreibt in seinen Zuchtrichtlinien: »Das Zuchtreglement der FCI und die Zuchtrichtlinien des VDH sind für alle im VDH zusammengeschlossenen Rassezuchtvereine verbindlich. Die Zuchtrichtlinien dienen der Förderung planmäßiger Zucht von Rassehunden. Gewerblichen Hundehändlern ist im VDH die Zucht nicht erlaubt.« Der Dobermann-Verein stellt für alle nach seinem Zuchtrecht gezüchteten Hunde Ahnentafeln aus. Ahnentafeln sind Abstammungsnachweise. Mindestens drei Generationen der Vorfahren werden darauf mit Namen, Zuchtbuchnummer, Farbe des Haarkleides, abgelegten Leistungsprüfungen und Körungen, zuerkannten Siegertiteln, Tätowiernummern sowie HD-Auswertungen nachgewiesen. Die Ahnentafel gehört zum jeweiligen Hund und ist bei dessen Verkauf kostenlos an den neuen Besitzer auszuhändigen.

Es darf als selbstverständlich gelten, daß nur mit gesunden und wesensfesten Hunden gezüchtet werden darf. Besonders erinnert wird an die Bestimmungen des deutschen Tierschutzgesetzes. Intensive Zuwendung von Menschen, artgerechte Haltung und gute Fütterung gehören zu den Grundvoraussetzungen einer verantwortungsvollen Zucht. Die genauen Bedingungen und Formalitäten, die von einem zukünftigen Züchter vor der Zuchtpaarung zu erfüllen sind, sind dem aktuellen Reglement des DV zu entnehmen.

»Was ist denn da draußen los?«

▶ **Persönliche Voraussetzungen**

Hundewelpen sind, wie alle Jungtiere, etwas Niedliches und emotional Ansprechendes. Diese Tatsache sollte aber niemanden dazu verleiten, mit seiner Hündin einen Wurf zu züchten. Es ist für das Wohlergehen einer Hündin nicht erforderlich, einen Wurf gehabt zu haben. Die Verantwortung des Hündinnenbesitzers sollte ihn vor einem Wurf zu vielfältigen Überlegungen zwingen:

- Ist meine Hündin in Wesen und Formwert ein exzellenter Rassevertreter?
- Sind sie und ihre Vorfahren frei von rassetypischen Erbkrankheiten?
- Habe ich durch Schutzhundprüfungen nachgewiesen, daß die Hündin die geforderten Gebrauchshundeigenschaften besitzt?
- Verfüge ich über umfangreiches Wissen zum Thema Hundehaltung, speziell Dobermannhaltung?
- Habe ich genügend Zeit, mich ausgiebig um die Welpen zu kümmern?
- Bin ich finanziell in der Lage, die anfallenden Kosten zu tragen? (Impfung und Entwurmung der Hündin vor dem Deckakt, Kosten für den Deckrüden, spezielle Fütterung der Hündin während der neunwöchigen Tragezeit sowie in der Säugezeit, hochwertiges Aufzuchtfutter für die Welpen, Wurmkuren und Impfungen für die Welpen, Kosten für den Zuchtwart bei Wurfabnahme und Tätowierung, Kosten für die Ahnentafeln und die Zuchtbucheintragung) Die vorstehend aufgeführten Kosten entstehen auf jeden Fall. Dann kann es durch Komplikationen noch zu manchmal nicht unerheblichen Tierarztkosten kommen. Außerdem fal-

len eventuell Kosten für Annoncen zur Welpenvermittlung an. Sollten die Welpen mit 8 Wochen nicht in ihre neuen Familien wechseln, weil man kein entsprechendes Zuhause gefunden hat, so kommen weitere Aufzuchtkosten hinzu.

- Habe ich genug Platz, d. h. einen speziellen Raum, in dem die Wurfkiste und der Wurf untergebracht werden können? Dieser Raum sollte nicht das Wohnzimmer oder die Küche sein, da sowohl die Hündin als auch die Welpen zunächst viel Ruhe brauchen.
- Bin ich bereit, Welpen aus meiner Zucht zurückzunehmen, wenn der neue Besitzer sie nicht mehr halten kann?
- Bin ich jederzeit telefonisch erreich-

▶ **Voraussetzungen für die ZTP**

☐ Der Eigentümer des Hundes muß Mitglied im DV sein.

☐ Der Hund muß nach den Zuchtbestimmungen des DV gezüchtet sein (Vorlage einer gültigen Ahnentafel des DV).

☐ Der Hund muß eine Begleithundprüfung bei einem AZG-Mitgliedsverein mit Erfolg abgelegt haben.

☐ Der Hund muß auf HD geröntgt sein (Mindestalter 12 Monate), und das Auswertungsergebnis muß schriftlich vorliegen. Es ist nur HD1 oder HD2 zugelassen.

☐ Der Hund muß mindestens 14 Monate alt sein.

☐ Er muß gegen Tollwut geimpft sein.

bar, um meinen Welpenkäufern mit Rat und Tat bei Problemen zur Seite zu stehen?
• Kann ich meine Welpenkäufer fachkundig anleiten in der Aufzucht und Ausbildung eines Dobermanns?

Darüber hinaus fordert der DV die Erfüllung weiterer Voraussetzungen, um die Zucht planmäßig zu lenken.

▶ Die Zuchtauslese im DV

ZUCHTTAUGLICHKEITSPRÜFUNG ▶
Der Dobermann-Verein schreibt die Zuchttauglichkeitsprüfung (ZTP) in ihrer 1975 von Ottmar Vogel ausgear-

▶ Voraussetzung für die Körung

☐ Bestandene ZTP (Voraussetzungen siehe oben)

☐ Das Mindestalter des Hundes ist auf 24 Monate festgelegt.

☐ Zwei Zuchtschaubewertungen von zwei verschiedenen Richtern mit der Benotung Vorzüglich (V) oder Sehr gut (Sg)

☐ Nachweis über eine mit Erfolg abgelegte SchH 1 oder IPO 1-Prüfung

☐ Erfolgreich abgelegte Ausdauerprüfung (AD)

☐ Nachweis über eine durchgeführte Untersuchung auf Augenerkrankungen mit dem Ergebnis »Frei«

☐ Erklärung, daß bei dem Hund keine Zucht- und Gebrauchsfehler bekannt sind (Unfruchtbarkeit, teilweise Zeugungsunfähigkeit, Gehirn-, Nerven- und Augenerkrankung)

beiteten Form für alle zur Zucht verwendeten Dobermänner zwingend vor. Sinn und Zweck der ZTP ist es, entsprechend dem Zuchtziel den geeigneten Dobermann für die Zucht zu ermitteln und den ungeeigneten Hund von der Zucht auszuschließen.

Die ZTP gliedert sich in zwei Abschnitte, die Formwertbeurteilung und die Wesenserprobung. Die Mindestanforderung im Formwert beträgt für Rüden Sehr gut (Sg) und für Hündinnen Gut (G). Die Wesenseinstufung erfolgt in vier Abstufungen: 1A, 1B, zurückgestellt und zuchtuntauglich. Über das Gesamtergebnis der ZTP erhält der Hundeführer eine schriftliche Beurteilung. Das erfolgreiche Bestehen einer ZTP gilt als Minimalvoraussetzung für die Zulassung zur Zucht.

DIE KÖRUNG ▶ Seit 1971 führt der DV die Körung als Zuchtauslese durch. Zur ersten Körung am 18. 9. 1971 wurden zehn Hunde vorgeführt, von denen nur drei diese Auslese bestanden. Bis auf den heutigen Tag ist die Körung die härteste Zuchtauslese geblieben, bei der die Ausfallquote etwa auf gleicher Höhe mit den Erfolgszahlen liegt. Zweck der Körung ist die Feststellung der besonders zur Zucht zu empfehlenden und geeigneten Hunde, die Förderung einer einheitlichen Zuchtrichtung und Hebung der Gebrauchshundezucht. Durch gezielte Kombinationen von leistungsmäßig geprüften Hunden (Schutzhundprüfung und Körung) ist es gelungen, eine größere Anzahl von wesensmäßig besonders gefestigten Hunden zu bekommen. Sinnvoll geplante Züchtung auf Wesensfestigkeit und Leistungsfähigkeit hat den Dobermann zu einem beliebten Gebrauchshund gemacht. Die Körung gliedert sich ebenfalls in zwei Teile. Zum einen wird der anatomische Wert des Hundes beurteilt, zum anderen die wesensmäßigen Veranlagungen. Es erfolgt eine abschließende Bewertung nach Einteilung der einzelnen Körklassen in: IA, IB, IIA, IIB, zurückgestellt und nicht körfähig. Die absolute Krönung in Formwert und Leistung ist die Beurteilung IA. Stufe I bedeutet Formwert Vorzüglich, Stufe II bedeutet Formwert Sehr gut. A und B sind die Unterscheidung für die wesensmäßige Veranlagung. Die Kördauer beträgt nach der ersten erfolgreichen Teilnahme zwei Jahre, danach ist eine Körung auf Lebenszeit möglich.

▶ **Die Auswahl der Zuchtpartner**

Jeder Neuling in der Dobermannzucht, der züchten möchte, sollte sich über einige Dinge im klaren sein. Züchten bedeutet nicht, seine Hündin von einem x-beliebigen Rüden gleicher Rasse belegen zu lassen. Wer züchten will, hat auch der Rasse gegenüber eine Verantwortung, denn die Zuchtprodukte sollen dem Rassestandard in bezug auf Formwert und Wesen entsprechen. Wie schon im Abschnitt »Zuchtauslese« geschildert, sollten die zur Zucht verwendeten Hunde außer der untersten Stufe der Zuchtvoraussetzungen, der ZTP, auch Schutzhundprüfungen und möglichst Körungen abgelegt haben. Das Ziel der Dobermannzucht sollte eigentlich sein, daß beide Zuchtpartner, Rüde und Hündin, mindestens eine Schutzhundprüfung abgelegt haben. Bei einem Gebrauchshund wie dem

Dobermann sollte dadurch ein Mindestnachweis der Gebrauchshundeigenschaften erbracht werden.

Bei der Auswahl des Deckrüden sollte sich der Anfänger eingehend beraten lassen, bevor er sich entscheidet. Der Hauptzuchtwart des DV ist ein wichtiger Ansprechpartner für solche Fragen. Aber auch die Zuchtrichter, besonders diejenigen, die sowohl Zucht- als auch Leistungsrichter sind, können hilfreiche Ratschläge geben. Zuchtpaarungen nur anhand von Ahnentafeln vorzunehmen (aufgrund von Blutlinien) ist sicher ein Vabanque-Spiel. Man sollte nicht nur die Hündin und den Rüden gesehen haben, sondern nach Möglichkeit auch deren Geschwister und die vorherige Generation, um zu einer wohlüberlegten und abgerundeten Entscheidung zu kommen.

▶ **Die Läufigkeit**

In der Regel wird eine Hündin im Alter zwischen sechs und neun Monaten zum erstenmal läufig. Dabei schwillt die Vulva (Scheide) im Vorstadium stark an. Die Blutungen von dunkelroter Färbung dauern etwa sechs bis neun Tage; danach wird der

---

TIP

Man muß sich vor Augen halten, daß gerade die Zuchthündin von erstklassiger Qualität sein muß – vor allem im Wesensbild und in ihren erbrachten Leistungen –, da sie die Lehrmeisterin der Welpen in den ersten acht Lebenswochen ist. Was dort verdorben wird, kann der beste Hundehalter nicht wieder ausgleichen.

Ausfluß aus der Scheide täglich heller und geringer. Zwischen dem 9. und 13. Tag der Läufigkeit ist bei normalem Verlauf der günstigste Decktermin. Die Hündin kann aber auch schon nach wenigen Tagen und bis zum 21. Tag paarungsbereit sein. Um den Tag festzustellen, an dem die Hündin tatsächlich befruchtungsfähige Eizellen aus den Eierstöcken abstößt, und somit den günstigsten Decktag zu erkennen, sollte man vor der Fahrt zum Deckrüden bei einem Tierarzt einen Scheidenabstrich machen und den Decktermin festlegen lassen.

Die Läufigkeit tritt normalerweise in regelmäßigen Abständen von sechs bis sieben Monaten auf, Abweichungen von mehreren Monaten sind aber nicht ungewöhnlich. Während dieser Zeit ist die Hündin wachsam zu beaufsichtigen, da sich ihr psychisches Verhalten stark verändert: Sie ent-

wickelt einen starken Drang, ihrem Geschlechtstrieb nachzukommen. Häufig versuchen Hündinnen in dieser Zeit auszubrechen. Hündinnen, die belegt werden, sollten kein Übergewicht haben, denn überfettete Hunde werden oft nicht tragend oder haben später Komplikationen bei der Geburt. Mit einer gezielten Diät (Tierarzt fragen) kann man innerhalb kurzer Zeit seine Hündin im Gewicht erheblich reduzieren.

▶ **Der Deckakt**
Rechtzeitig vor der Läufigkeit seiner Hündin muß sich der Besitzer nach einem geeigneten Deckrüden umsehen. Hat er sich entschieden, müssen mit dem Rüdenbesitzer die notwendigen Regelungen getroffen werden: Man vereinbart den voraussichtlichen Decktag und legt die Decktaxe (den Preis für den Deckakt) fest. Nach dem

Endlich geschafft! Eine Hündin mit vier kräftigen Welpen kurz nach der Geburt.

erfolgten Deckakt erhält der Besitzer der Hündin den ausgefüllten Deckschein als Beleg, er gehört zu den Zuchtunterlagen und ist Voraussetzung für die Ausstellung von Ahnentafeln. Aufgabe des Rüdenbesitzers ist es, die Zuchtbuchstelle des DV e.V. über die erfolgte Paarung zu informieren.

Für den Deckakt wird die paarungsbereite Hündin von ihrem Besitzer mit dem Rüden zusammengebracht. Dabei ist es am natürlichsten, die beiden Hunde frei laufen zu lassen, damit sie sich durch Beschnuppern und Belecken kennenlernen können. Zunächst werden sie miteinander spielen. Nachdem der Rüde die Hündin besprungen hat, bleiben beide Hunde noch ca. 15 – 30 Minuten miteinander verbunden. Dabei stehen die Körper Hinterteil an Hinterteil, der angeschwollene Schwellkörper des Rüden wird durch die Vaginalmuskulatur der Hündin festgehalten. Diesen Vorgang nennt man »Hängen«. Niemals sollte man, z. B. bei einem unerwünschten Deckakt, versuchen, die Hunde zu trennen, da es zu Verletzungen kommen kann. Außerdem ist die Samenentleerung schon vorher erfolgt und eine unerwünschte Trächtigkeit ließe sich ohnehin nur noch medikamentös verhindern.

▶ Die Trächtigkeit

Es ist selbstverständlich, daß nur eine gesunde Zuchthündin gesunde Welpen zur Welt bringen kann. Für die Hündin und ihren Nachwuchs ist es daher wünschenswert, wenn nicht gar von lebenswichtiger Bedeutung, daß sie gegen alle ansteckenden Hundekrankheiten geimpft ist. Um einen

besonders hohen Impfschutz für die Welpen aufzubauen, empfiehlt sich, nach spezieller Angabe der Hersteller, eine nochmalige Impfung während der Trächtigkeit.

▶ Läufigkeitsdiagramm

Tag	Verhalten der Hündin
5	Scham beginnt anzuschwellen
4	
3	
2	
1	großer Appetit, sehr anhänglich

Tag	Ausfluß	
1		rot
2		
3		hellrot
4		
5		
6		rosa
7		
8		
9		farblos
10		

Tag	
11	
12	in der Regel
13	bester Decktermin
14	
15	während dieser Zeitspanne wird
16	der Rüde von der Hündin am
17	besten angenommen
18	Hündin lehnt den Rüden ab;
19	in seltenen Fällen ist aber auch
20	noch am 21. Tag eine
	Befruchtung noch möglich
21	
22	

Ein verantwortungsbewußter Hundehalter wird seinen Hund in regelmäßigen Abständen mit entsprechenden Präparaten entwurmen. Auf jeden Fall sollte dies aber geschehen, bevor eine Hündin belegt wird. Verwurmte Hundemütter infizieren ihre Welpen schon im Mutterleib und auch später in der Wurfkiste. Ein starker Wurmbefall bei Welpen führt nicht nur zu schweren Wachstumsstörungen, sondern zuweilen auch zum Tod. Deshalb sollte auch die Mutterhündin nochmals während der Trächtigkeit entwurmt werden (Herstellerempfehlung beachten).

Die Trächtigkeitsdauer liegt zwischen 58 und 67 Tagen. Die meisten Hündinnen werfen zwischen dem 60. und 63. Tag. Während der Trächtigkeit ist die Hündin besonders hochwertig zu füttern. Unbedingt erforderlich sind hohe Gaben von Kalziumpräparaten (nach Absprache mit dem Tierarzt) zusätzlich zur reichlichen Fleischportion, die mit Flocken und nicht blähenden Gemüsen vermengt ist. Es gibt ein breitgefächertes Angebot an Fertigprodukten, in denen sowohl Kohlehydrate als auch Gemüse enthalten sind. Da in ihnen außerdem alle notwendigen Vitamine und Mineralstoffe enthalten sind, sollte man diese Flockenmischungen mit frischem Fleisch, gemischt im Verhältnis 1:1, füttern.

Während der Trächtigkeit sollte die Hündin weiterhin wie bisher bewegt werden; im letzten Drittel wird sie jedoch wegen ihres vergrößerten Bauchumfanges häufig schwerfällig und phlegmatisch. Manchmal lassen sich bei liegenden Hündinnen durch Auflegen der flachen Hand die Bewegungen der Welpen im Mutterleib feststellen. Gegen Ende der Trächtigkeit schwillt die Milchleiste (das Gesäuge) stark an, die Zitzen vergrößern sich, und teilweise fließt sogar schon Milch aus. Der Züchter sollte die Hündin früh an den vorgesehenen Wurfraum gewöhnen und sie mit der Wurfkiste vertraut machen. Die Wurfkiste sollte ca. 1,40 x 1,40 m groß sein und 80 cm hohe Seitenwände haben. An allen Seiten sollten Schutzleisten in Höhe des Rückens der liegenden Hündin angebracht werden (in ca. 10–15 cm Höhe). Dadurch wird verhindert, daß die Hündin einen herumkrabbelnden Welpen versehentlich an der Kistenwand erdrücken kann. Der Boden der Wurfkiste sollte für die Geburt mit Zeitungen ausgelegt werden, da diese die austretenden Flüssigkeiten gut aufnehmen und sich schnell und problemlos wechseln lassen. Für die Aufzuchtzeit sind Tücher (z.B. Bettlaken) zu empfehlen, die regelmäßig gewaschen werden.

▶ **Die Geburt**

Jeder Züchter wartet natürlich gespannt auf die Geburt der Welpen. Der Raum, in dem die Geburt stattfinden soll, muß trocken, hell und gut zu belüften sein. Über einer Ecke der Wurfkiste sollte mit einem Abstand von 50 bis 70 cm zum Boden eine Infrarot-Wärmelampe hängen, die so installiert wird, daß die Hündin einen Platz finden kann, der nicht bestrahlt wird, denn sie hat nicht das gleiche Wärmebedürfnis wie die Welpen.

Schon während der Tragzeit sollte der Züchter die Körpertemperatur der Hündin regelmäßig messen und sich die Ergebnisse notieren. Die Messung sollte möglichst immer zur gleichen Uhrzeit und unter den gleichen Bedingungen stattfinden, da man sonst keine relevanten Vergleiche anstellen kann. Vom 56. Tag an wird jeweils morgens und abends die Temperatur gemessen. Ca. drei Tage bis einen Tag vor dem Geburtstermin sinkt die Temperatur um 1 °C und mehr ab. Ihren tiefsten Stand, der teilweise unter 37 °C liegt, erreicht sie 18 – 24 Stunden vor dem Geburtstermin. Wenn die Eröffnungswehen einsetzen, steigt auch die Temperatur wieder an.

Weitere sichere Anzeichen der bevorstehenden Geburt sind eingefallene Flanken, Futterverweigerung, häufiges Absetzen von kleinen Urinmengen und Kot. Auch beginnt die Hündin kurz vor dem Werfen in der Wurfkiste zu scharren und eventuell eingelegte Tücher zu zerreißen; dann haben die Wehen eingesetzt. Mit dem Springen der Fruchtblase beginnt die eigentliche Geburt. Das Fruchtwasser tritt aus, der erste Welpe wird in der Scheide sichtbar oder ist schon ausgestoßen. Der kleine Welpe liegt in einer geschlossenen Fruchthülle und ist durch die Nabelschnur mit dem Mutterkuchen verbunden. Instinktsichere Hündinnen reißen die Fruchthülle sofort mit den Zähnen auf und lecken den Welpen kräftig. Dies ist unbedingt notwendig, damit die Atmung angeregt wird. Sollte die Hündin den Welpen nicht sofort aus der Fruchthülle befreien, so muß der Züchter diese rasch entfernen, da der Welpe sonst im Fruchtwasser ertrinkt.

Die Nabelschnur wird von der Fruchthülle getrennt, in Ausnahmefällen sollte sie mit einer sterilen Schere ca. zwei Zentimeter vom Nabel entfernt abgeschnitten werden. Der Welpe sollte beim Befreien aus dem Amnionsack kräftig durchatmen. Andernfalls muß man das kleine Mäulchen mit dem Finger öffnen und den Welpen kopfüber halten und vorsichtig schütteln, bis der erste Schrei getan ist. Dadurch werden die Atemwege vom restlichen Schleim befreit. Kräftiges Durchatmen bzw. Quieken zeigt an, daß die Atmung nun voll funktioniert.

> **TIP**
>
> *Der Züchter sollte jeden Welpen, wenn er trockengeleckt ist, wiegen. Geburtszeit, Geburtsgewicht, Geschlecht und Fellfarbe werden sorgfältig in einer vorbereiteten Tabelle im Zwingerbuch notiert. Außerdem erhält jeder Welpe ein andersfarbiges Bändchen um den Hals gebunden. So kann der Züchter die Welpen jederzeit gut unterscheiden und ihre Gewichtszunahme kontrollieren. Natürlich darf man nicht vergessen, die Bändchen dem Wachstum der Welpen entsprechend regelmäßig zu erneuern.*

Meistens vergehen zwischen den einzelnen Geburten 15 – 25 Minuten. Der Abstand zwischen dem Austritt der einzelnen Welpen sollte jedoch einen Zeitraum von zwei Stunden nicht überschreiten. Treibt die Hündin trotz Wehen keinen Welpen aus, ist unverzüglich der Tierarzt zu rufen. Denn zu langes Warten bzw. Herumexperimentieren des unerfahrenen Züchters hat nicht selten den Tod der noch im Mutterleib befindlichen Welpen zur Folge. Besonders aber wird durch den erheblich zunehmenden Streß das Leben der Mutterhündin gefährdet.

Nachdem die Hündin nun die Welpen geworfen hat und auch die Nachgeburt nach dem letzten Welpen ausgestoßen und von ihr aufgefressen ist, sollte man die Wurfstätte reinigen, trockene Unterlagen einbringen und die Hündin in Ruhe lassen. Man kann versuchen, der Hündin etwas zu trinken bzw. zu fressen zu geben, sie wird es allerdings möglicherweise nicht annehmen.

Nach der Geburt sollte die Hündin unbedingt eine sogenannte Reinigungsspritze vom Tierarzt erhalten. Damit wird Infektionen vorgebeugt und die restlose Reinigung und Rückbildung der Gebärmutter bewirkt. Diese Spritze ist lebenserhaltend für die

Hündin und sollte auf keinen Fall vergessen werden. Auch ist die Körpertemperatur weiterhin dreimal täglich zu messen und zu notieren. Eine geringfügige Temperaturerhöhung trotz Reinigungsspritze auf Werte bis zu 39,4 °C ist in den ersten drei Tagen noch als normal anzusehen. Eine fieberhafte Temperatursteigerung auf mehr als 39,5 °C erfordert jedoch unbedingt die Konsultierung des Tierarztes.

▶ Die Aufzucht

Die Mutterhündin bedarf in den Wochen der Welpenaufzucht der besonderen Pflege. Sie selbst und ihre Lagerstätte sollten einwandfrei saubergehalten werden. Nach dem Werfen und ersten Säugen wird die Hündin mit einer verdünnten Desinfektionslösung an allen Stellen abgewaschen,

Gut genährt, genießen die Welpen kontaktliegend ihren Schlaf.

die vom Fruchtwasser beschmutzt sind. Dies ist notwendig, damit die Haare nicht verkleben und ausfallen. Anschließend reibt man das Fell mit einer Kamillenlösung nach und trocknet es dann ab. Die Hündin sollte dann auf einen kurzen Spaziergang nach draußen geführt werden, damit sie sich lösen kann. Sie wird dies nur sehr ungern tun, muß jedoch dazu gezwungen werden, da das Zurückhalten von Urin und Kot Gesundheitsschäden hervorrufen kann. Außerdem wird durch die Spaziergänge der Appetit angeregt, und die Hündin wird nach der Trennung von den Welpen gerne in die Wurfkiste zurückkehren. Bevor die Hündin diese wieder betritt, müssen ihre Pfoten und das Gesäuge in der oben beschriebenen Weise von anhaftendem Schmutz gereinigt werden. Die Kamillenlösung verhindert das Wundwerden am Gesäuge durch die Milchtritte der Welpen. Stellt man fest, daß das Gesäuge der Hündin stark gerötet ist und sie ihre Welpen nicht mehr gern trinken läßt, so muß man schnellstens die spitzen Krallen der Welpen stutzen. Diese verletzen durch den ständigen Milchtritt beim Saugen die Haut. Die nadelspitzen Milchzähne können keinen Schaden anrichten, da sich beim Saugen die Zunge um die Zitze legt.

Während der Säugezeit braucht die Hündin eine stark erhöhte Futtermenge, die auf drei bis vier Portionen pro Tag verteilt wird. Dabei sollte die Qualität und nicht die Quantität Vorrang haben. Wie bereits erwähnt, darf auf keinen Fall rohes Schweinefleisch gefüttert werden. Dagegen eignen sich Muskelfleisch sowie Herz, Pansen und Blättermagen (alles vom Rind) hervorragend zur Frischfleischfütterung. Daneben müssen der tragenden wie der säugenden Hündin Kalk- und Knochenaufbaupräparate zugefüttert werden. Bierhefepulver, zerkleinertes rohes Gemüse wie Karotten, Zwiebeln, Knoblauch, Petersilie, Schnittlauch, Spinat, Äpfel, gemahlene Nüsse aller Art sowie Kohlehydrate in Form von Flockenprodukten aus Getreide vervollständigen das Nahrungsangebot. Frisches Wasser sollte jederzeit zur Verfügung stehen. Manche Hündinnen trinken auch während der Säugezeit gerne Milch mit eingerührtem Eigelb und Traubenzucker. Es wird jedem einsichtig sein, daß nur eine hochwertig ernährte Mutterhündin gutgenährte Welpen haben kann, denn die Qualität der Muttermilch

▶ Entwurmen

An dieser Stelle sei nochmals an die Wurmkuren erinnert. Es gibt in der Apotheke und beim Tierarzt spezielle Pasten zum Entwurmen. Die Paste wird direkt auf die Zunge des Saugwelpen gestrichen, bei selbständig fressenden Hunden unter das Futter gemengt. Die erste Behandlung erfolgt am 10. Tag nach dem Wurf, die zweite gegen Ende der dritten Woche, und in der sechsten Woche vor der Impfung gegen Parvovirose wird ein drittes Mal entwurmt. Gleichzeitig mit den Welpen und der Mutterhündin werden auch alle anderen Hunde des Züchters entwurmt. Nur so kann eine erneute Infizierung durch die Ausscheidungen verhindert werden.

wird durch das verabreichte Futter bestimmt.

Mit zunehmendem Alter der Welpen wird die Hündin immer bereitwilliger die Wurfkiste zu einem Spaziergang verlassen. Auch sollte sie zu jeder Zeit die Möglichkeit haben, einen Liegeplatz aufzusuchen, der für die Welpen unerreichbar ist. Mit ca. 4 bis 5 Wochen sollte die Hündin nur noch dreimal täglich zum Säugen und Spielen mit den Welpen zusammensein. Sie bekommt dann auch mengenmäßig weniger zu fressen, damit die Milchproduktion verringert wird bzw. zum Stillstand kommt.

In den ersten zwei Wochen werden die Welpen ausschließlich von der Mutterhündin gesäugt. Ab der dritten

Vorbildliche Welpenaufzucht: jeder Welpe trägt sein Erkennungshalsband, jeder lernt, aus seiner eigenen Schüssel zu fressen.

Woche sollte man mit dem Zufüttern beginnen. Mit zunehmendem Alter fressen die Welpen dann vier- bis fünfmal täglich die ihnen angebotene Nahrung mit großem Appetit. Beim Füttern sollte darauf geachtet werden, daß die Mahlzeiten zwischen Milchbrei und Fleischkost wechseln. Die Milchmahlzeit sollte aus einem Welpenmilchpräparat, Magerquark, vorbehandelten Flocken, Eigelb, Karottensaft und ein wenig Distelöl bestehen. Man kann auch gemahlene Nüsse, ungeschälte gemahlene Sesamkörner und Bierhefepulver untermengen. Unter die Fleischkost soll von Anfang an ein Knochenaufbaupräparat zusammen mit vorbehandelten Flocken gemischt werden. Alle Hunde sollten grundsätzlich das Futter in handwarmem Zustand erhalten.

▶ **Die Entwicklung der Welpen**

Im Augenblick der Geburt ist der Welpe noch ein kleines, abhängiges Lebewesen. Seine Augenlider sind fest verschlossen und seine Ohrmuscheln noch verwachsen, so daß er seine Umwelt weder optisch noch akustisch wahrnehmen kann. Sein gesamtes Verhalten ist darauf angelegt, die mütterliche Zitze zu erreichen und zu saugen. Dieses Instinktverhalten, das Verhaltensforscher Eberhard Trumler als Erbkoordination beschreibt, ist für den Welpen lebenserhaltend. Nur der Welpe, der mit einer gesunden Erbkoordination auf die Welt kommt, kann in der Natur in den ersten zwei Lebenswochen überleben. Ein Welpe, der nicht von selbst der mütterlichen Zitze zustrebt und selbständig saugt, ist in seinen Erbanlagen nicht ganz in Ordnung.

Die ersten beiden Wochen im Leben der kleinen Welpen sind nur auf Nahrungsaufnahme und Schlafen ausgerichtet. Auch wenn der Welpe weder sehen noch hören kann, so registriert er doch schon Umweltreize durch seinen Geruchssinn und die Haut als Fühlorgan. Schon in dieser Phase kann man durch tägliches Anfassen der Welpen eine positive Prägung auf den Menschen beginnen. Auch das tägliche Wiegen jedes einzelnen Welpen dient nicht nur der Gewichtskontrolle, sondern ist verbunden mit Fühlen und Riechen. Jeder einzelne Welpe lernt durch intensiven Körperkontakt den Geruch des Züchters kennen. So erfährt er von Anfang an, daß neben seiner Mutter noch andere Wesen sich liebevoll um ihn kümmern. Diese Phase nennt Eberhard Trumler die vegetative Phase. Der Welpe kann sein Leben noch nicht willentlich steuern, sein Verhalten ist unbewußt.

Erst mit dem Öffnen der Augenlider und des Gehörganges in der dritten Lebenswoche beginnt die Umwelt für den Welpen auch optisch und akustisch zu existieren. Gegen Ende der dritten Woche ist die Hör- und Sehfähigkeit voll entwickelt. Damit ist die sog. Übergangsphase beendet. Der Züchter sollte schon jetzt anfangen, die Welpen zusätzlich zu füttern, um die Mutterhündin zu entlasten. Sehr gerne nehmen die Welpen spezielle Welpenmilch-Präparate, aber auch mageres Rinderhack, gemengt mit einem Kalk- und Knochenaufbaupräparat.

Jetzt beginnt die richtige Arbeit in der Welpenaufzucht. Neben der Mutterhündin ist nun auch der Züchter intensiv gefordert. Die Beschäftigung mit den Welpen beinhaltet nicht nur Streicheln und Sprechen, sondern auch die Schaffung vielfältiger Umweltreize und sich daraus ergebender Lernsituationen. Sehr schnell werden die Welpen die Bezugspersonen an ihren Stimmen erkennen und freudig auf ihr Kommen reagieren. Dies ist zu Anfang natürlich noch nicht so intensiv ausgeprägt, steigert sich im Laufe der folgenden Wochen aber täglich.

Die Zeit von der vierten bis zur siebten Lebenswoche wird nach Trumler als Prägungsphase bezeichnet und ist von wesentlicher Bedeutung für das zukünftige Hundeleben.

Derart geprägte Welpen werden auch später ein gutes Verhältnis zu ihrer neuen Familie finden. Haben Welpen aber in der Prägungsphase fast ausschließlich Kontakt zu Hunden, so wird es ihnen später Schwierigkeiten bereiten, sich dem Menschen anzuschließen.

Im Normalfall stürmen die Welpen auf Besucher los, springen an ihnen hoch und zeigen dadurch, daß sie sehr erfreut sind über die neuen Spielkameraden. Während dieser Zeit sollten die Welpen vielfältiges Spielzeug wie alte Strümpfe, Tennisbälle, geknotete Taue, Quietschtiere usw. haben, mit dem sie sich beschäftigen können.

TIP

Bei einem guten Züchter lernt der Welpe, daß der Mensch mit zum »Rudel« gehört. Mit dem Erscheinen des Züchters und anderer Personen verbindet er nur angenehme Ereignisse, z. B. wenn die zusätzlichen Mahlzeiten vom Menschen gegeben werden und wenn der Mensch mit ihm spielt.

Regelmäßiger menschlicher Kontakt ist von Anfang an wichtig.

die Mutterhündin und die Welpen in Augenschein genommen, jeder Welpe erhält seine Tätowiernummer. Nun kann der Züchter seine Welpen in die neuen Familien abgeben. Entsprechend den Zuchtrichtlinien sollten die Welpen mehrmals entwurmt, nach Beratung mit dem Tierarzt geimpft, im linken Ohr tätowiert und rundherum gesund und gut genährt sein.

In der Regel ist es bei einer guten Zuchtpaarung kein Problem, bis zu diesem Zeitpunkt neue Besitzer für die Welpen gefunden zu haben. Ein Neuling unter den Züchtern sollte seinen Wurf jedoch gleich nach der Geburt im Organ des DV annoncieren, da es für die einwandfreie Entwicklung der Welpen von großer Wichtigkeit ist, noch vor Beginn der Sozialisierungsphase in ihr neues »Rudel«, also den neuen Besitzern, zu kommen.

Wichtig ist, daß sie an Geräusche verschiedenster Art gewöhnt werden. Die Hündin sollte die Möglichkeit haben, mit ihnen aus dem Wurfraum nach draußen zu gelangen.

Der Züchter kann in solchen Situationen die Reaktionen der Welpen sehr genau beobachten. Die Einflüsse, die jetzt auf den Welpen einwirken, machen zusammen mit seinen angeborenen Eigenschaften in hohem Maße das spätere Verhalten des erwachsenen Hundes aus. Die Zeit beim Züchter geht mit der Prägungsphase zu Ende. Jetzt ist es wichtig, daß die einzelnen Welpen schnell in ihre neue Familie kommen.

▶ Die Abgabe der Welpen

Der Zuchtwart des DV hat den Wurf kurz nach der Geburt besichtigt. In der achten Lebenswoche erfolgt durch ihn die Wurfabnahme. Dabei werden

Jeder Züchter sollte die Interessenten für seine Welpen sorgfältig über alle Vor- und Nachteile eines Dobermanns aufklären. Nur dann können Hund und Mensch Enttäuschungen im gemeinsamen Zusammenleben erspart bleiben. Die kleinen Dobermann-Welpen wechseln nun aus der Obhut ihrer Mutter und ihres Züchters in ihre neuen Familien. Für den neuen Hundebesitzer ist es wichtig zu wissen, daß der Dobermann seine Lebensgefährten ganz besonders intensiv liebt, und jeder, der darauf richtig eingeht, wird immer wieder einen Dobermann zu seinem vierbeinigen Freund wählen.

Service

Service

▶ **ABHAAREN** Haarkleid wechseln.

▶ **ABNABELN** bei der Geburt durchbeißt die Hündin die Nabelschnur.

▶ **AGILITY** Geschicklichkeitssport für Hund und Hundeführer.

▶ **AHNENTAFEL** Abstammungsnachweis des Rassehundes, der vom jeweiligen Zuchtbuchamt ausgestellt wird und über die Herkunft des Hundes Auskunft gibt (»Stammbaum«).

▶ **APPORTIEREN** bringen von Gegenständen (Wild, aber auch Gegenstände des Herrn) auf Befehl.

▶ **APR** Ausdauerprüfung.

▶ **AUSBILDUNGSKENNZEICHEN** Nachweis abgelegter Prüfungen, zum Beispiel SchH.

▶ **AZG** Arbeitsgemeinschaft Zuchtvereine und Gebrauchshundverbände.

▶ **BELEGEN** Decken der Hündin.

▶ **BH** Begleithundprüfung.

▶ **BLUTLINIEN** bestimmte Ahnenreihe einer Familie, aus der Ahnentafel ersichtlich.

▶ **BRAND** Rostrote Abzeichen auf dunklem Grund, z.B. an Augen, Fang, Brust, Läufen usw.

▶ **CAC** Certificat d'Aptitude au Championat: Anwartschaft auf einen nationalen Siegertitel.

▶ **CACIB** Certificat d'Aptitude au Championat International de Beauté: Anwartschaft auf den Titel eines Internationalen Schönheits-Champions.

▶ **CACIT** Certificat d'Aptitude au Championat International de Travail: Anwartschaft auf den internationalen Arbeitstitel (für Gebrauchshunde).

▶ **DECKRÜDE** männlicher Zuchthund.

▶ **DV** Dobermann-Verein e. V.

▶ **ED** Ellbogengelenksdysplasie.

▶ **EXTERIEUR** das äußere Erscheinungsbild eines Hundes.

▶ **FÄHRTENHUND** speziell für das Ausarbeiten schwieriger Fährten ausgebildeter Hund mit Prüfung.

▶ **FANG** Schnauze vom Stop ab.

▶ **FCI:** Fédération Cynologique Internationale: Internationale kynologische Vereinigung, Dachverband von Züchterverbänden der ganzen Welt.

▶ **FH** Fährtenhundprüfung.

▶ **GANGARTEN** Schritt, Paß, Trab, Galopp und Renngalopp des Hundes.

▶ **GEBÄUDE** Körperbau.

▶ **GENOTYPUS** Erbbild (Erbmasse) des Hundes, im Gegensatz zum äußeren Erscheinungsbild, dem Phänotypus.

▶ **GESÄUGE** das Euter der Hündin, zweireihig, meistens fünf Zitzen auf jeder Seite.

▶ **HANDSCHEU** ist ein Hund, der sich – als Folge falscher Behandlung – nicht mehr an seinen Herrn heranwagt. Stets ein schlechtes Zeichen für den Besitzer.

▶ **HD** Hüftgelenksdysplasie, eine krankhafte Veränderung der Hüftgelenke.

▶ **HINTERHAND** Hinterläufe, Keulen und Hüften.

▶ **HITZE** Brunftzeit der Hündin, im allgemeinen alle 6 Monate.

▶ **IDC** Internationaler Dobermann Club.

▶ **INZUCHT** Paarung blutsverwandter Hunde.

▶ **KATASTROPHENHUND** für den Einsatz zum Finden von Menschen in Trümmern oder Vermißten im Gelände ausgebildeter Hund mit Prüfung.

▶ **KATZENPFOTE** kurze, geschlossene Pfote mit gewölbten Zehen.

▶ **KEHLHAUT** lose Haut an der Halsunterseite.

▶ **KONDITION** erworbene Körperverfassung, abhängig von Fütterung, Haltung und Training.

▶ **KONSTITUTION** allgemeine Verfassung, Körperbeschaffenheit.

▶ **KÖRUNG** Auswahl von Zuchttieren zur Hebung der Rassezucht.

▶ **KRUPPE** Hinterteil vom Ende der Lendenwirbel bis Rutenansatz.

▶ **KUHHESSIGKEIT** fehlerhafte Stellung der Hinterläufe nach Art der Kühe.

▶ **KUPIEREN** kürzen der Rute und der Ohren, inzwischen in Deutschland nach dem Tierschutzgesetz verboten.

▶ **KYNOLOGIE** Wissenschaft vom Hund (gr. kyon = Hund, logos = Lehre).

▶ **LÄUFIGKEIT** Hitze der Hündin.

▶ **LAUT** geben, Bellen.

▶ **LEFZEN** Lippen des Hundes.

▶ **NASENSPIEGEL** haarlose, meist schwarze, die Nasenkuppe überziehende Haut.

▶ **PHÄNOTYPUS** äußeres Erscheinungsbild.

▶ **PIGMENT** im Körpergewebe des Hundes vorkommende Farbstoffe.

▶ **RUTE** Schwanz des Hundes.

▶ **SCHERENGEBISS** meist gewünschte Form des Hundegebisses; die Kronen der oberen Schneidezähne greifen ein wenig über die der unteren hinaus.

▶ **SCHH** Schutzhund; SchH I, II, III = Prüfungsstufen.

▶ **SENKRÜCKEN** fehlerhafter, eingesenkter Rücken.

▶ **STANDARD** Rassekennzeichen der Hunde.

▶ **STOP** Stirnabsatz zwischen Schädel und Nasenbein.

▶ **TRAGEZEIT** ca. 63 bis 65 Tage.

▶ **TROCKEN** Hund mit gut anliegender Haut, ohne lose Falten und ohne Fettablagerungen unter der Haut.

▶ **TURNIERSPORT** sportlicher Wettbewerb von Besitzer und Hund in Gehorsams- und sportlichen Übungen.

▶ **UD** Fachzeitschrift »Unser Dobermann«

▶ **VDH** Verband für das Deutsche Hundewesen e.V., Dachorganisation der deutschen Hundezuchtverbände (Adresse S. 119).

▶ **VERWERFEN** zu früh einsetzende Geburt.

▶ **WELPE** junger Hund bis zum Alter von etwa 2 Monaten.

▶ **WERFEN** Gebären beim Hund.

▶ **WIDERRIST** höchster Punkt der Rückenlinie bzw. des Schulterblattes.

▶ **WIDERRISTHÖHE** wird vom Boden bis zum Widerrist in senkrechter Linie gemessen.

▶ **ZITZE** die Milchdrüse der Hündin.

▶ **ZTP** Zuchttauglichkeitsprüfung.

▶ **ZUCHTBUCH** amtliches Eintragungsregister für die rasserein gezüchteten Hunde; wird vom Rassezuchtverein geführt.

Der Dobermann

FCI-Standard Nr. 143 vom 14. 02. 1994

Ursprung: Deutschland

Verwendung: Begleit-, Schutz- und Gebrauchshund

Ein besonders typvoller Vertreter seiner Rasse mit unkupierten Ohren. Seit dem 1. 6. 1998 müssen alle Dobis außerdem eine unkupierte Rute tragen.

KLASSIFIKATION F.C.I.

Gruppe 2 (Pinscher und Schnauzer, Molosser und Schweizer Sennenhunde), Sektion 1: Pinscher und Schnauzer mit Arbeitsprüfung.

ALLGEMEINES ERSCHEINUNGSBILD

Der Dobermann ist mittelgroß, kräftig und muskulös gebaut. Durch die elegante Linienführung seines Körpers, die stolze Haltung und das temperamentvolle Wesen und den Ausdruck von Entschlossenheit entspricht er dem Idealbild eines Hundes.

WICHTIGE MASSVERHÄLTNISSE (PROPORTIONEN)

Das Gebäude des Dobermanns erscheint fast quadratisch, dies gilt besonders für die Rüden. Die Rumpflänge (Brustbein bis Sitzbeinhöcker) soll die Widerristhöhe bei Rüden um nicht mehr als 5 % und bei den

a

b

Hündinnen um nicht mehr als 10% überschreiten.

WESEN

Die Grundstimmung des Dobermanns ist freundlich, friedlich, in der Familie sehr anhänglich und kinderliebend. Gefordert werden mittleres Temperament und eine mittlere Schärfe. Weiterhin wird eine mittlere Reizschwelle gefordert. Bei einer guten Führigkeit und Arbeitsfreude des Dobermanns ist auf Leistungsfähigkeit, Mut und Härte zu achten. Bei angepaßter Aufmerksamkeit gegenüber der Umwelt ist auf Selbstsicherheit und Unerschrockenheit besonders Wert zu legen.

KOPF

OBERKOPF Kräftig, zum Gebäude passend. Von oben gesehen entspricht der Kopf einem stumpfen Keil. Die Querlinie des Scheitels soll von vorn gesehen annähernd

waagerecht verlaufen, also nicht zu den Ohren abfallen. Die fast gerade, in Fortsetzung zum Nasenrücken verlaufende Scheitelbeinlinie fällt zum Nacken in leichter Rundung ab. Die Augenbrauenbögen sind gut entwickelt, ohne hervorzutreten. Die Stirnfurche ist noch sichtbar. Das Hinterhauptbein soll nicht auffällig sein. Von vorn und oben betrachtet, dürfen die Seitenflächen des Kopfes nicht ausladend (backig) wirken. Die seitliche leichte Wölbung des Oberkiefers und der Jochbeine müssen in Harmonie zur Gesamtlänge des Kopfes stehen. Die Muskeln des Kopfes sind kräftig entwickelt.

STOP Der Stirnabsatz ist gering, aber deutlich erkennbar ausgebildet.

GESICHTSSCHÄDEL

NASE Nasenkuppe gut ausgebildet, mehr breit als rund und mit großen Öffnungen, ohne insge-

samt hervorzutreten. Bei schwarzen Hunden ist sie schwarz, bei braunen entsprechend mit einer helleren Tönung angepaßt.

FANG Der Fang muß im richtigen Verhältnis zum Oberkopf stehen und kräftig entwickelt sein. Der Fang ist tief, die Mundspalte soll weit bis zu den Molaren reichen. Eine gute Fangbreite muß auch im Bereich der oberen und unteren Schneidezähne vorhanden sein.

LEFZEN Sie sollen fest und glatt an den Kiefern liegen und einen straffen Verschluß der Mundspalte gewährleisten. Dunkle Pigmentierung, bei braun etwas hellere Tönung.

Das richtig angesetzte Ohr. Diese Kopfstudie zeigt auch den kräftigen Fang und den gut entwickelten Unterkiefer. (Seit dem 1.6.98 werden die Ohren nicht mehr kupiert.)

Der Kopf
a Ramsung des Nasenbeins, d.h., Nasen- und Stirnbeinlinie verlaufen nicht parallel.
b Eine starke Ramsung im Bereich des Nasen- und Stirnbeins. Der Kopf wirkt völlig deformiert. Der Stirnabsatz fehlt.
c Der Kopf, von vorn und oben gesehen, zeigt eine normale Backenbildung.
d Ein Kopf mit betonter Backenbildung. Man spricht von einem »backigen« Kopf.
e Der »spitze Fang« mit einem ungenügend ausgebildeten Unterkiefer ist fehlerhaft. Man beachte auch die Wölbung der Nasenbeinlinie und die fehlende Parallelität zwischen Nasen- und Stirnbeinlinie.

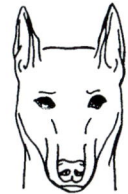

c

d

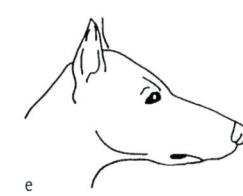

e

Das Profil
a,b Die Form des
Kopfes soll der
eines gestreck-
ten, stumpfen
Keiles entspre-
chen.
c Das obere Profil
Die Linien des
Nasenbeins und
des Stirnbeins
sollen möglichst
parallel verlaufen.

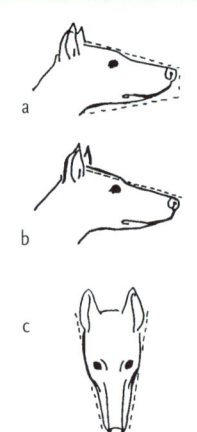

KIEFER/GEBISS/ZÄHNE
Kräftiger, breiter Ober-
und Unterkiefer. Sche-
rengebiß, 42 Zähne ent-
sprechend dem Zahn-
schema, normale Größe.
AUGEN Sie sind mit-
telgroß und oval und von
dunkler Farbe. Bei brau-
nen Hunden ist eine
etwas hellere Tönung
erlaubt. Gut anliegende
Augenlider. Lidrand be-
haart.
OHREN Das hoch ange-
setzte Ohr wird aufrecht
getragen und ist auf eine
im Verhältnis zum Kopf
passende Länge ge-
schnitten. Soweit in ei-
nem Land Kupierverbot
besteht, wird gleichran-
gig das unkupierte Ohr
anerkannt (gewünscht
mittelgroß und mit dem
vorderen Rand glatt an
den Wangen anliegend).

Der Vorderfuß
a Ein Vorderfuß-
wurzelgelenk,
wie es nicht ge-
wünscht wird.
Der Hund »tritt
durch«, weil das
Gelenk zu weich
ist.
b In korrekter
Stellung steht es
senkrecht zum
Boden.

HALS
Im Verhältnis zum Kör-
per und Kopf von guter
Länge. Er ist trocken und
muskulös. Die Linien-
führung ist aufsteigend
und gefällig gebogen.
Seine Haltung ist auf-
recht und zeigt viel Adel.

KÖRPER
WIDERRIST Er soll be-
sonders bei den Rüden
in Höhe und Länge her-
vortreten und dadurch
der Rückenlinie den von
der Kruppe her anstei-
genden Verlauf bestim-
men.
RÜCKEN Kurz und fest,
von guter Breite und gut
bemuskelt.
LENDENGEGEND Von
guter Breite und gut
bemuskelt. Die Hündin
kann in der Lendenpartie
etwas länger sein, da sie
für das Gesäuge Platz be-
nötigt.
KRUPPE Sie soll vom
Kreuzbein in Richtung
Rutenansatz geringgra-
dig, also kaum wahr-
nehmbar abfallen; wirkt
somit gut abgerundet, ist
weder gerade noch auf-
fällig abfallend. Gute
Breite mit starker Mus-
kulatur (Bild S. 114).
BRUST Die Brustlänge
und -tiefe muß im richti-
gen Verhältnis zur
Rumpflänge stehen, da-
bei soll die Tiefe mit

leicht gewölbten Rippen
annähernd die Hälfte der
Widerristhöhe erreichen.
Die Brust ist von guter
Breite und nach vorn
besonders ausgeprägt
(Vorbrust).
BAUCHLINIE Vom Ende
des Brustbeins zum
Becken ist die Bauch-
decke deutlich aufge-
zogen.
RUTE Sie ist hoch ange-
setzt und kurz kupiert,
wobei zwei Rutenwirbel
sichtbar erhalten bleiben.
In Ländern, in denen der
Gesetzgeber ein Ruten-
kupierverbot erlassen
hat, kann die Rute na-
turbelassen bleiben.
HODEN Rüden müssen
zwei offensichtlich nor-
mal entwickelte Hoden
aufweisen, die sich voll-
ständig im Skrotum (Ho-
densack) befinden.

GLIEDMASSEN
VORHAND
ALLGEMEINES Die
Vorderläufe stehen, von
allen Seiten gesehen, fast
gerade, d.h. senkrecht
zum Boden, und sind
kräftig ausgebildet.

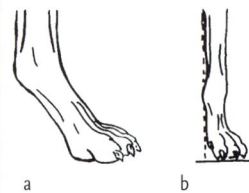

a   b

SCHULTERN Das Schulterblatt liegt fest am Brustkorb an, ist beiderseits der Schulterblattgrate gut bemuskelt und überragt oben die Dornfortsätze der Brustwirbel. Möglichst schräg und gut zurückgelagert, beträgt der Winkel zur Waagerechten ca. 50°.

OBERARM Gute Länge mit guter Bemuskelung. Winkel zum Schulterblatt etwa 105° bis 110°.

ELLENBOGEN Gut anliegend, nicht ausdrehend.

UNTERARM Kräftig und gerade, gute Bemuskelung. Länge in Harmonie zum Gesamtkörper.

VORDERFUSSWURZELGELENK Kräftig.

VORDERMITTELFUSS Knochen kräftig, von vorn gesehen gerade, von der Seite nur angedeutete Schrägstellung (höchstens 10°).

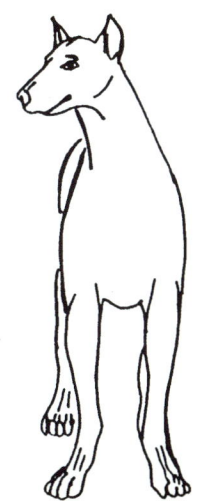

VORDERPFOTEN Die Pfoten sind kurz und geschlossen. Die Zehen sind nach oben gewölbt (Katzenpfoten), Nägel kurz, schwarz.

HINTERHAND

ALLGEMEINES Von hinten betrachtet, wirkt der Dobermann auf Grund seiner ausgeprägten Beckenmuskulatur in Hüfte und Kruppe breit und abgerundet. Die vom Becken zum Ober- und Unterschenkel verlaufenden Muskeln ergeben eine gute Breitenentwicklung auch im Oberschenkelbereich, in der Kniegegend und am Unterschenkel. Die kräftigen Hinterläufe sind gerade und stehen parallel.

OBERSCHENKEL Gute Länge und Breite mit starker Bemuskelung. Gute Winkelung am Hüftgelenk. Winkelung zur Horizontalen etwa 80° bis 85°.

KNIE Das Kniegelenk ist kräftig und wird vom Ober- und Unterschenkel sowie der Kniescheibe gebildet. Der Kniewinkel beträgt etwa 130°.

UNTERSCHENKEL Mittellang, in Harmonie zur Gesamtlänge der Hinterhand.

SPRUNGGELENK Mittelkräftig, parallel. Die Unterschenkelknochen verbinden sich im Sprunggelenk mit dem Mittelfußknochen (ca. 140°).

HINTERMITTELFUSS Er ist kurz und steht senkrecht zum Boden.

HINTERPFOTEN Wie die Vorderpfoten, sind auch die Zehen der hinteren Gliedmaßen kurz, gewölbt und geschlossen. Nägel kurz, schwarz.

GANGWERK

Das Gangwerk ist sowohl für die Leistungsfähigkeit wie auch für das Exterieur von besonderer Bedeutung. Der Gang ist elegant, wendig, frei und raumgreifend. Die Vorderläufe schwingen möglichst weit vor. Die Hinterhand gibt weitausgreifend und federnd die erforderliche Schubkraft. Der Vorderlauf und der Hinterlauf der anderen Seite werden zugleich

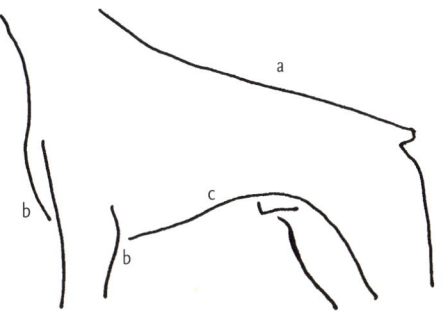

Der Rumpf
a Kurzer, fester Rücken, zur Kruppe abfallend
b Tiefe Brust mit ausgeprägter Vorbrust
c Aufgezogene Bauchlinie (Taille)

Die »französische« oder zehenweite Stellung der Vorderfüße ist unerwünscht. Die Vorderfüße sind dabei vom Fußwurzelgelenk ab nach außen gedreht.

a

b

Die Kruppe
a Die gewünschte horizontale Kruppe
b Ein steil gelagertes Becken und Kreuzbein bedingen eine abfallende Kruppe.

nach vorne geführt. Gute Festigkeit des Rückens, der Bänder und Gelenke.

HAUT

Die Haut liegt überall straff an und ist gut pigmentiert.

HAARKLEID

BESCHAFFENHEIT Das Haar ist kurz, hart und dicht. Es liegt fest und glatt an und ist gleichmäßig über die ganze Oberfläche verteilt. Unterwolle ist nicht statthaft.

FARBE Die Farbe ist schwarz oder braun mit rostrotem, scharf abgegrenztem und sauberem Brand. Der Brand befindet sich am Fang, als Fleck auf den Backen und oberhalb der Augenbrauenbögen, an der Kehle, zwei Flecken auf der Brust, an den Mittel-

Korrektes Scherengebiß

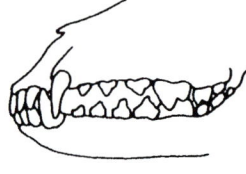

füßen und Pfoten, an den Innenseiten der Hinterschenkel, am After und Sitzbeinhöcker.

GRÖSSE, GEWICHT

GRÖSSE Widerristhöhe Rüden 68–72 cm, Hündinnen 63–68 cm; jeweils Mittelgröße erwünscht.

GEWICHT Rüden ca. 40–45 kg, Hündinnen ca. 32–35 kg.

FEHLER

Jede Abweichung von den vorgenannten Punkten soll als Fehler angesehen werden, dessen Bewertung im genauen Verhältnis zum Grad der Abweichung stehen sollte.

ALLGEMEINES ERSCHEINUNGSBILD Mangelndes Geschlechtsgepräge. Wenig Substanz, zu leicht, zu schwer, hochgestellt, schwache Knochen.

KOPF Zu kräftig, zu schmal, zu kurz, zu lang, zuviel/zuwenig Stop, Ramsnase, stark abfallende Scheitelbeinlinie, schwach ausgebildeter Unterkiefer, rundes oder Schlitzauge, helles Auge, zu starke Backen, nicht anliegende Lefzen, offenes, zu tief liegendes Auge, zu hoch oder zu tief angesetzte Ohren, offene Maulwinkel.

HALS Etwas kurz, zu kurz, übermäßig entwickelte Kehlhaut, Wamme, Hirschhals, zu lang (unharmonisch).

KÖRPER Rücken nicht fest, abfallende Kruppe, Senkrücken, Karpfenrücken, zuwenig oder zuviel Rippenwölbung, nicht genügend Brusttiefe bzw. -breite, Rücken insgesamt zu lang, fehlende Vorbrust, zu hoch oder zu tief angesetzte Rute, Bauchlinie zuwenig/zu stark aufgezogen.

GLIEDMASSEN Zuwenig oder zuviel Winkelung der Vor- bzw. Hinterhand, Ellenbogen lose, vom Standard abweichende Lage und Länge der Knochen und Gelenke, zehenenger und zehenweiter Stand, kuhhessiger/faßbeiniger und enghessiger Stand der Hinterhand, offene oder weiche Pfoten, verkümmerte Zehen, helle Nägel.

HAARKLEID Zu heller, nicht scharf abgegrenzter, unsauberer (rußiger) Brand, zu dunkle Maske, große schwarze Flecken an den Läufen, kaum sichtbare oder auch zu große Brustflecken. Langes, weiches, glanzloses und welliges Haar sowie haararme und kahle Stellen. Größere

Haarwirbel, besonders am Körper, sichtbare Unterwolle.

WESEN Mangelnde Selbstsicherheit, zu hohes Temperament, zu hohe Schärfe, zu niedrige oder zu hohe Reizschwelle.

GRÖSSE Abweichende Größen vom Standard-maß bis 2 cm sind durch Herabsetzung im Formwert zu ahnden.

GANGWERK Wackeliger, trippelnder, unfreier Gang und Paßgang.

DISQUALIFIZIERENDE FEHLER

ALLGEMEINES Ausgesprochene Umkehrung des Geschlechtsgepräges.

AUGE Gelbes Auge (Greifvogelauge), verschiedenfarbige Augen.

GEBISS Vorbiß, Zangengebiß, Rückbiß und Zahnunterzahl nach dem Zahnschema.

HODEN Einhoder oder hodenlose Rüden.

HAARKLEID Weiße Flecken, ausgesprochen lang- und wellhaarige Hunde, ausgesprochen dünne Behaarung und größere kahle Stellen.

WESEN Ängstliche, nervöse und aggressive Hunde.

GRÖSSE Hunde, die mehr als 2 cm von dem Standardmaß nach unten oder oben abweichen.

Das Gebäude

1 Oberkiefer
2 Unterkiefer
3 Hinterhauptbein
4 Halswirbel
5 Brustwirbel
6 Lendenwirbel
7 Kreuzbein
8 Schwanzwirbel
9 Schulterblatt
10 Schultergelenk
11 Oberarmbein
12 Elle
13 Ellenbogen
14 Speiche
15 Vorderfußwurzelgelenk
16 Vordermittelfußknochen
17 Zehenknochen
18 Becken
19 Hüftgelenk
20 Sitzbein und Sitzbeinhöcker
21 Oberschenkel
22 Kniegelenk
23 Unterschenkel (Schien- und Wadenbein)
24 Sprunggelenk
25 Hintermittelfußknochen
26 Brustbein mit wahren Rippen
27 Falsche Rippen

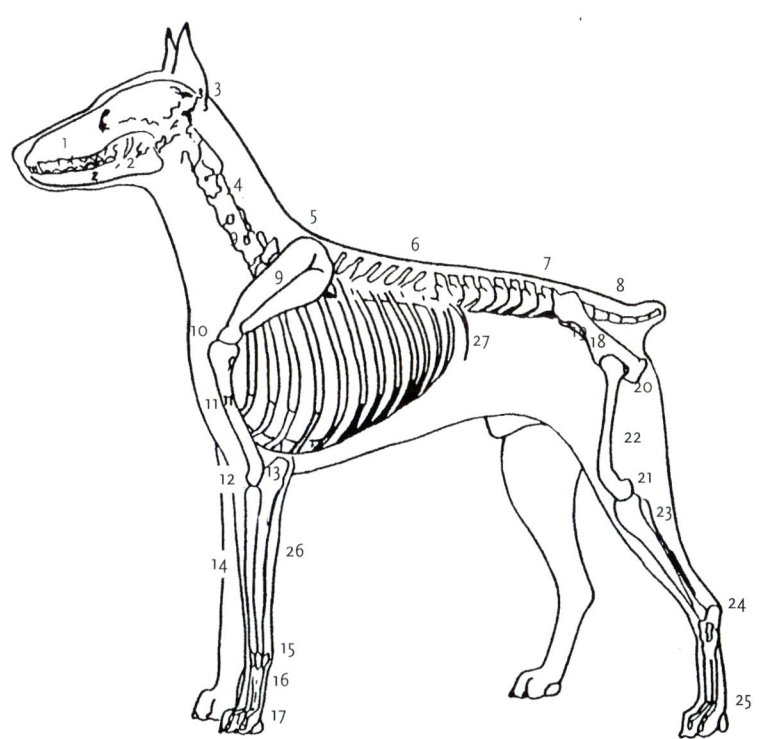

Kaufvertrag

Zwischen dem **Verkäufer** (Name, Vorname, Straße, PLZ und Ort):

....

und dem **Käufer** (Name, Vorname, Straße, PLZ und Ort):

....

wird folgender **Kaufvertrag** geschlossen:

Gegenstand des Vertrages ist der Rüde*) die Hündin*)

(Name) ....

der Rasse .... Wurfdatum ....

im VDH/FCI-Zuchtbuch des Rassehunde-Zuchtvereins

(Name) ....

(   ) **) eingetragen unter Nr. ....

(   ) **) zur Eintragung angemeldet.   Tätowier-Nr.: ....

Der **Kaufpreis** beträgt DM .... (i. W. Deutsche Mark ....

....)

Der **Käufer erklärt,** daß er mit dem Hund nicht*) züchten und diesen nicht*) ausstellen will.

Der Verkäufer leistet für die Richtigkeit der in der Ahnentafel bzw. in der Meldung zum Zuchtbuch enthaltenen Angaben **Gewähr, gleiches gilt für die Angaben in weiteren übergebenen Urkunden. Er versichert, daß ihm irgendwelche offensichtlichen oder verborgenen Mängel oder Krankheiten des Hundes nicht bekannt sind. Er erklärt, daß der Hund gegen Staupe, Hepatitis, Leptospirose, Parvovirose, Tollwut*) geimpft wurde, und händigt den Impfpaß dem Käufer aus.**

Der Käufer bescheinigt, den Hund besichtigt zu haben. **Er erklärt,** daß er über die für die Aufzucht und Haltung eines Hundes notwendigen Kenntnisse, Fähigkeiten und Möglichkeiten verfügt und daß ihm bekannt ist, daß insbesondere ein junger Hund tiergerecht aufgezogen und gehalten werden muß und unter keinen Umständen überfordert werden darf. Von der Haftung für Beeinträchtigungen und Schäden, die durch falsche Haltung, Aufzucht oder Behandlung entstehen, **stellt er den Verkäufer frei. Er sichert ferner zu,** den Hund nach den Bestimmungen des Tierschutzgesetzes und den aufgrund dieses Gesetzes erlassenen Verordnungen zu halten.

(   ) **) Die Ahnentafel ist dem Käufer übergeben worden.

(   ) **) **Der Verkäufer verspricht,** die Ahnentafel nach Erhalt vom Zuchtbuchamt dem Käufer unverzüglich zuzusenden.

Zusätzlich werden folgende Vereinbarungen getroffen:

....

....

....

....

....

....

Verkäufer und Käufer erklären, daß darüber hinaus weitere Vereinbarungen nicht getroffen wurden. Ergänzungen und Änderungen dieses Vertrages bedürfen der Schriftform. Verkäufer und Käufer erhalten je eine Ausfertigung dieses Vertrages.

(Ort) ....   (Datum) ....

DER VERKÄUFER   DER KÄUFER

....

*) Nichtzutreffendes bitte streichen
**) Zutreffendes bitte ankreuzen

Läufigkeitskalender

Beginn der Läufigkeit	Voraussichtlicher Beginn der nächsten Läufigkeit	Bemerkungen

▶ Zum Weiterlesen

DOBERMANN-LITERATUR ▶

Busack, Walter: Der Deutsche
Dobermann. Duisburg 1925.

Curnow, Fred und Jean Faulks:
The Dobermann. London 1984.

Dorn, Karl: Hund und Umwelt.
Berlin 1957.

Frey, Silvester: Der Dobermann-
pinscher. Berlin 1912.

Göller, Otto: Der Dobermannpinscher
in Wort und Bild. Apolda.

Grünig, Philipp und Maximilian von
Hoegen: The Dobermann-Pinscher.
History and Development of the
Breed. New York 1951.

Grünig, Philipp: Geschichte der
Dobermannzucht und die Entwicklung der Rasse. Duisburg 1934.

Rietveld, Simon: Euro Yearbook
Dobermanns 1980. Wassenaar.

Rietveld, Simon: History of the
Dobermann. Wassenaar 1982.

Schüler, Gerhard: Der Dobermann.
Porträt einer Hunderasse. Mürlen-
bach 1990.

Vogel, Ottmar: Zucht und Sport mit
dem Dobermann. Nürnberg 1983.

Wiblishauser, Hans: Der Dobermann.
Parey 1997.

Wilking, Ernst: Der Dobermann.
Schloß Bleckede 1969.

Zwan, J.M.v.d.: In the beginning.
A history of the Dobermann. Mep-
pel 1995.

GESUNDHEIT ▶

Aldington, Eric H.W.: Von der Gesundheit des Hundes. Weiden 1996.

Becvar, Dr. Wolfgang: Naturheilkunde
für Hunde. Stuttgart 1994.

Durst-Benning, Petra: Kräuter-
Apotheke für Hunde. Stuttgart 1998.

Kejcz, Yvonne: Unser Hund wird alt.
Stuttgart 1994.

Rakow, Dr. Barbara: Der homöopathische Hundedoktor. Stuttgart 1999.

Rustige, Dr. Barbara: Hundekrankheiten. Stuttgart 1999.

Stein, Petra: Bach-Blüten für Hunde.
Stuttgart 1997.

Wolff, Hans Günter: Unsere Hunde–
gesund durch Homöopathie. Stuttgart 1996.

VERHALTEN UND ERZIEHUNG ▶

Aldington, Eric H.W.: Von der Seele
des Hundes. Weiden 1986.

Aldington, Eric H.W.: Was tu ich nur
mit diesem Hund? Weiden 1994.

Bodingbauer, Josef: Wesensanalyse der
Junghunde. Wien 1973.

Feddersen-Petersen, Dorit: Hunde
und ihre Menschen. Stuttgart 1992.

Feddersen-Petersen, Dorit: Hunde-
psychologie. Stuttgart 1989.

Harries, Brigitte: Hundesprache
verstehen. Stuttgart 1998.

Jones, Renate: Welpenschule leicht-
gemacht. Stuttgart 1997.

Morris, Desmond: Dogwatching.
Von der Körpersprache des Hundes.
London 1986.

Ross, John und Barbara McKinney:
Welpen-Kindergarten. Stuttgart 1997.

HALTUNG UND ZUCHT ▶

Harries, Brigitte: Ein Welpe kommt
ins Haus. Stuttgart 1995.

Schleger, Walter und Irene Stur:
Hundezüchtung in Theorie und
Praxis. Wien 1986.

Sieber, Ilse und Eric H.W. Aldington:
Hundezucht naturgemäß mit Liebe
und Verstand. Weiden 1990.

Trumler, Eberhard: Ein Hund wird
geboren. München 1982.

► Adressen

Dobermann-Verein
e.V. (DV)
Thorwaldsenstraße 29
D - 80335 München
Tel.: 0 89 - 1 23 42 24

Internationaler
Dobermann Club (IDC)
Adresse siehe DV

Österreichischer
Dobermann-Klub (ÖDK)
Präs. Wolfgang Freyer
Josef-Nemeck-Str. 44
A - 3021 Pressbaum

Dobermann-Verein
der Schweiz
Präs. Hansruedi
Zimmermann
Mattfirst
CH - 6103 Schwarzen-
berg
Tel.: 0 41 - 2 50 10 57
und 4 98 00 60

Deutscher Hundesport-
verband e.V. (dhv)
Gustav Sybrecht-Str. 42
D - 44536 Lünen
Tel.: 02 31 - 8 79 49

Bundesverband für
das Rettungshunde-
wesen e.V.
Uwe Knaak
Holthofstraße 11
D - 45659 Reckling-
hausen
Tel.: 0 23 61 - 2 15 84

Deutscher Verband der
Gebrauchshund-
sportvereine (DVG)
Gustav-Sybrecht-Str. 42
D - 44536 Lünen
Tel.: 02 31 - 8 79 49

Südwestdeutscher
Hundesportverband e.V.
(swhv)
Geranienstraße 8
D - 73663 Berglen-
Stöckenhof
Tel.: 0 71 95 - 7 18 81

Hundesportverband
Rhein-Main e.V.
(HSVRM)
Kreuzstraße 55
D - 64331 Weiterstadt
Tel.: 0 61 50 - 21 13

Bayerischer Landesver-
band für Hundesport e.V.
(BLV)
Albingerstraße 97
D - 82223 Eichenau
Tel.: 0 81 41 -7 25 35
und 85 67

Deutscher Sporthund-
Verband e.V. (DSV)
Kanesdyk 4b
D - 47803 Krefeld
Tel.: 0 21 51 - 75 87 72

Schutz- und Gebrauchs-
hunde-Sportverband e.V.
(SGSV)
Gottfried-Keller-Weg 10
D - 04416 Markkleeberg
Tel.: 03 41 - 3 58 08 23

Berliner Verband der
Hundesportvereine e.V.
Saatwinkler Damm 185
D - 13629 Berlin
Tel.: 0 30 - 3 81 88 31

Verband für das
Deutsche Hundewesen
e.V. (VDH)
Westfalendamm 174
D - 44141 Dortmund
Tel.: 02 31 - 5 65 00 - 0
Fax: 02 31 - 59 24 40

Österreichischer
Kynologenverband (ÖKV)
Johann-Teufel-Gasse 8
A - 1230 Wien
Tel.: 01 - 8 88 70 92
Fax: 01 - 8 88 26 21

Schweizerische
Kynologische
Gesellschaft SKG
Länggaßstraße 8
CH - 3001 Bern
Tel.: 0 31 - 3 01 58 19
Fax: 0 31 - 3 02 02 15

Fédération Cynologique
International (FCI)
13, Place Albert I
B - 6530 Thuin
Tel.: 0 71 - 59 12 38
Fax: 0 71 - 59 22 29

► **Register**

Farbfotos von Peter Beck (1, S. 35), Christian Esters (8, S. 3 ol, 3 ml, 13, 25, 32, 84, 87, 104), Reinhild Klein (11, S. 15, 17, 36, 61, 62, 77, 81, 94, 102, 106, 124 kl.), Eva-Maria Krämer (7, S. 4/5, 11, 43, 56/57, 75, 93, 107), Marc Rühl/Kosmos (alle übrigen 22 Aufnahmen), Rafl Roppelt/Sahara Werbeagentur (14 kleine Kapitelkennfotos ohne Hund), Ruedi Sägesser (2, S. 31, 83), Sally Anne Thompson (2, S. 10, 37) und Gabriele Zagolla (8, S. 20, 22, 29, 80, 82, 90, 98, 124). Farbzeichnung von Milada Krautmann (S. 110).

Schwarzweißabbildungen von Rainer Benz (S. 51), Milada Krautmann (S. 49), Schwanke & Raasch (S. 48) und aus dem Archiv der Verfasserin (S. 9 aus: Otto Göller, Der Dobermann-Pinscher in Wort und Bild, Apolda; S. 6 aus: Philipp Grünig, Geschichte der Dobermann-Zucht und die Entwicklung der Rasse, Duisburg 1934; S. 7 u aus: Waler Busack, Der Deutsche Dobermann als Gebrauchs- und Polizeihund, S. 110-115 aus K.F. Dorn, Hund und Umwelt, Deutscher Bauernverlag).

Umschlaggestaltung von Atelier Reichert, Stuttgart, unter Verwendung von 3 Fotos von Marc Rühl/Kosmos (großes Motiv und Umschlagrückseite) und Christof Salata/Kosmos.
Mit 75 Farbfotos, 4 sw-Fotos, 1 Farbzeichnung und 15 sw-Zeichnungen.
Teile des Werks basieren auf dem Buch »Der Dobermann« von Reinhild Klein, das 1987 in der Kosmos-Hundebibliothek erschienen ist.
Fachtierärztliche Durchsicht des Krankheitenkapitels: Dr. Barbara Rustige, Bretzenheim.

Alle Angaben in diesem Buch sind sorgfältig geprüft und geben den neuesten Wissensstand bei der Veröffentlichung wieder. Da sich das Wissen aber laufend weiterentwickelt und vergrößert, muß jeder Anwender selbst prüfen, ob die Angaben nicht durch neuere Erkenntnisse überholt sind. Dazu muß er z.B. bei Behandlungsvorschlägen den Tierarzt konsultieren, Beipackzettel zu Medikamenten lesen, Gebrauchsanweisungen und Gesetze befolgen. Hinsichtlich der Zuchtzulassungskriterien, Ausstellungsrichtlinien, Rassestandards, Prüfungsordnungen usw. sind stets die aktuellen Bestimmungen der Verbände, insbesondere von DV, VDH und FCI maßgeblich.

Unser gesamtes lieferbares Programm und viele
weitere Informationen zu unseren Büchern,
Spielen, Experimentierkästen, DVDs, Autoren
und Aktivitäten finden Sie unter **www.kosmos.de**

© 1999, Franckh-Kosmos Verlags-GmbH & Co. KG, Stuttgart
Alle Rechte vorbehalten
ISBN 978-3-440-07826-6
Lektorat: Angela Beck
Redaktion: Hilke Heinemann
Grundlayout: eStudio Calamar
Satz und Layout: ppp visuelleGestalter, Stuttgart
Printed in The Czech Republic / Imprimé en République tchèque

gkf Forschung für den Hund

Postfach 14 03 53
53058 Bonn

info@gkf-bonn.de

Hundepaß

NAME

GESCHLECHT

TÄTOWIERUNG

GEWORFEN AM

ZUCHTBUCHNUMMER

IMPFTERMINE

BISHERIGE ERKRANKUNGEN

WICHTIGE ADRESSEN

ZÜCHTER

TIERARZT

TIERÄRZTLICHER NOTDIENST

HUNDEVEREIN

HUNDEPENSION

TIERBEDARFSFACHHANDLUNG

InfoLine

REINHILD KLEIN

ist zu Hause mit Hunden aufgewachsen. Seit über 25 Jahren hält sie selbst Gebrauchshunde verschiedener Rassen – in erster Linie Dobermänner, aber auch Schäferhunde und Rottweiler – und betreibt mit ihnen Hundesport.

Reinhild Klein ist Mitglied im Dobermann-Verein (DV), hat Dobermänner gezüchtet und mit ihnen auf nationalen und internationalen Ausstellungen Siegertitel errungen. Schutzhundprüfungen, Zuchttauglichkeitsprüfungen, Körungen, Ausdauerprüfungen sowie Landes- und Deutsche Meisterschaften hat sie mit ihren zahlreichen Hunden erfolgreich absolviert.

Sie können sich mit Ihren Fragen und Problemen an Reinhild Klein wenden. Schreiben Sie an unsere »Hunde-InfoLine« (bitte mit Rückporto):

Kosmos Verlag
»Hunde-InfoLine«
Postfach 10 60 11
D - 70049 Stuttgart